U0610445

中青年经济学家文库

教育部人文社科研究项目（16YJC790024）

湖北省教育厅哲学社会科学研究重大项目（16ZD022）

湖北循环经济研究中心重大项目（XTFKY1601）

共同资助出版

长江中游城市群外贸发展战略研究

何　艳/著

中国财经出版传媒集团

经济科学出版社
Economic Science Press

图书在版编目（CIP）数据

长江中游城市群外贸发展战略研究/何艳著.—北京：
经济科学出版社，2018.7
ISBN 978-7-5141-8190-6

Ⅰ.①长… Ⅱ.①何… Ⅲ.①长江-中游-城市群-
对外贸易-发展战略-研究 Ⅳ.①F752.85

中国版本图书馆 CIP 数据核字（2017）第 140298 号

责任编辑：刘　莎
责任校对：杨晓莹
责任印制：邱　天

长江中游城市群外贸发展战略研究
何　艳/著
经济科学出版社出版、发行　新华书店经销
社址：北京市海淀区阜成路甲 28 号　邮编：100142
总编部电话：010-88191217　发行部电话：010-88191522
网址：www.esp.com.cn
电子邮件：esp@esp.com.cn
天猫网店：经济科学出版社旗舰店
网址：http://jjkxcbs.tmall.com
北京财经印刷厂印装
710×1000　16 开　15 印张　180000 字
2018 年 7 月第 1 版　2018 年 7 月第 1 次印刷
ISBN 978-7-5141-8190-6　定价：39.00 元
（图书出现印装问题，本社负责调换。电话：010-88191510）
（版权所有　侵权必究　举报电话：010-88191586
电子邮箱：dbts@esp.com.cn）

前　　言

　　本书最初起因于在完成湖北省发展和改革委员会《长江中游城市群比较优势研究》的过程中，走访、调研并收集了长江中游城市群相关地市数据，构建了海量的数据库。随后在得到湖北省教育厅、湖北省循环经济研究中心和教育部的项目资助后，对于长江中游城市外贸可持续发展的研究主题才得以进一步深入。

　　全书通过细致比较城市群在资源、人口、经济、产业和城市竞争力等方面的现状，并针对城市群所涉省、市的经济发展和特色产业进行深入分析，找到符合当地条件的比较优势资源和优势产业；以各省规划优势产业为序，逐个产业分城市群所涉省的发展状况比较，提出产业链各环节在不同区域的有效协作、差异化发展策略等。具体而言，分为上篇基础优势篇和下篇可持续发展篇。其中上篇中的第一～四章分别介绍长江中游城市群的构成、资源优势、基础设施、经济状况、产业发展和企业实力，下篇中的第五～八章从外贸发展的现状、竞争力、潜力和城市群比较等方面分析，第九章分析了物流与外贸的融合，第十章则探讨了外向型经济与长江流域环境的协调，最后第十一章给出对策建议。各章的内容如下：

　　第一章介绍了研究背景和研究必要性。长江中游城市群是带动中部地区持续发展的重要动力，研究其外贸发展，有利于推动内陆开放型高地的打造，是推进区域协调发展的需求。

第二章介绍长江中游城市群、武汉城市群、长株潭城市群、环鄱阳湖城市群的形成历程和城市构成，并从自然资源、环境优势、基础设施等指标简要了解城市群的概况。

第三章介绍长江中游城市群的经济和产业发展情况，包括国内生产总值、人均收入、固定资产投资、社会消费品零售额、实际利用外资额和三大产业增加值等。这些是对外贸易发展的经济基础。

第四章介绍长江中游城市群的企业发展情况，主要以上市公司为研究对象，考察它们的行业分布和营业收入等指标。这为各城市对外贸易提供了企业基础。

第五章介绍长江中游城市群的外贸发展现状，从总体、省份和城市三个角度详细总结了外贸的规模和特点。城市群外贸规模不断扩大，且集聚了所在省份的大部分外贸活动，但总体占全国的比重仍然较低。

第六章衡量长江中游城市群各城市的贸易竞争力。长江中游地区产业相似度高，各城市出口结构颇为相似；出口竞争力极强的产品主要为资源性和低中技术产品，高技术产品成为主要创汇产品之一，但尚不具备国际竞争力；城市的贸易结构较脆弱，绝大部分贸易集中在固定的几种产品上。

第七章衡量长江中游城市群城市的贸易潜力。先用贸易贡献率测算城市群贸易对经济的作用，发现该指数呈现上升趋势，说明贸易的作用越来越大。再用贸易结合度指数和依赖度指数测算了城市群农产品贸易的潜力，发现城市群对国际市场依赖度较高。

第八章对比长江中游城市群与国内其他城市群的外贸。与京津冀、珠三角、长三角城市群相比，长江中游城市贸易规模和贸易贡献率相对较小，但出口增长速度最快。

第九章阐释了长江中游城市群物流与外贸的融合发展。首先介绍了物流产业发展现状和物流产业集聚程度，然后理论分析城市内部和城市间物流对外贸的影响，面板数据实证分析的结果也证实长江中游城市群物流集群对地区出口规模有较大的促进作用。

第十章着重探讨了长江中游城市群的外向型经济与环境的协调发展。在介绍城市群环境污染现状的基础上，理论分析了外资对环境的规模、结构和技术效应，实证检验后发现，外向型经济与环境的关系呈一种开口向下的"U"形曲线，当规模到达一个顶点之后，环境污染才会出现下降的趋势。

第十一章提出促进长江中游城市群外贸可持续发展的政策建议。外贸的发展依赖于城市的经济和产业基础，也依赖于城市群内各城市的匹配。本章从城市群一体化发展、城市间产业合作、环境协调等方面给出建议。

全书涉及数据的收集整理、定性和定量的分析等，在书稿撰写过程中，得到了课题组成员夏星、丁文斌、胡渊、熊芙蓉、白孝忠、黄涛等老师的协助，许珍璐、袁芬、陈凌云和暴洪泽等同学也付出了许多努力。此外，书籍的出版得到王宇波、王德发、孙浩、刘升福等老师的支持。在此一并对上述老师和同学表示衷心感谢。

目　　录

下　篇
长江中游城市群外贸的可持续发展

上　篇

长江中游城市群外贸发展的基础优势研究

第一章

绪　　论

第一节
研究背景和必要性

一、研究背景

改革开放以来，我国经历了以沿海地区开放开发战略为标志的区域非均衡发展阶段和以西部大开发、振兴东北老工业基地、中部崛起战略为标志的区域经济协调发展阶段，相应地开发格局由沿海先行进入到沿海沿江并重时代，而沿江发展战略也由长三角地区向整个长江流域推进。2014 年，我国四大区域板块亮点纷呈。东部地区上海自贸区的成立，中部地区长江城市群的抱团发展，西部地区的丝绸之路经济带和东北部地区的沈阳经济区的因地制宜。在这个区域经济竞争激烈且合作广泛的环境下，作为长江黄金水道上的璀璨明珠，长江中游城市群无疑将会成为带动中部地区持续发展的重要动力，在我国未来空间开发格局中，具有举足轻重的战略地位和意义。

　　1987 年湘、鄂、赣、豫四省联合成立的武汉经济协作区已经是中部最大的经济合作组织。2013 年 2 月，中部崛起成为国家重点关注对象。长沙、合肥、南昌、武汉四省会城市负责人在武汉共同签署《长江中游城市群暨长沙、合肥、南昌、武汉战略合作协议（武汉共识）》。2015 年 4 月 5 日，《长江中游城市群发展规划》经国务院批复实施，成为国家批复的首个跨区域城市群规划。在继珠三角经济区、长三角经济区和环渤海经济区三个国家重点推动经济增长的成功实践之后，长江中游城市群正式定位为中国经济发展新增长极。近年来，长江中游三个省会城市 2016 年 GDP 增速明显，均远超 6.7% 的全国平均水平。以武汉城市圈、长株潭城市群和环鄱阳湖城市群为主体的长江中游城市群，发展势头强劲，已成为我国经济发展最活跃的区域之一。2017 年 4 月 10 日，武汉、长沙、合肥、南昌共同签署《长江中游城市群省会城市合作行动计划（2017～2020 年）》，确定未来合作方向。长江中游城市群的发展离不开外贸的推动，在此背景下研究长江中游城市群的外贸竞争力，对如何提升中部外贸竞争力，进一步提升中部跨区域合作层次，形成中部地区整体竞争优势具有重要意义。

二、研究的必要性

　　研究长江中游城市群的外贸竞争对于了解中部外贸竞争力，优化资源配置，调整发展结构，加深区域合作的力度和深度有重要意义。同时对于促进长江中游城市群的融合、地区协调发展和促进中部崛起也有重大的战略意义。

（一）有利于促进长江中游城市群的合作

三省毗邻的长江中游地区山相依、水相连、路相通、人相亲、文同源，经济社会联系紧密，为合作奠定了基础。但是也存在着产业同质化竞争激烈，行政区域经济模式根深蒂固，行政区域与经济区域难以协调发展，资源共享问题不够紧密等问题。深入研究了解四省市城市推动经济发展的外贸竞争力，有利于优化长江中游城市群的产业结构，促成长江中游城市群合作的广度和深度。

（二）有利于打造内陆开放高地

改革开放以来，我国进出口贸易获得了长足发展，从 20 世纪 80 年代开始就一直保持着较高的增长，特别是 2010 年之后稳居世界贸易发展大国前列。本书研究长江中游城市群湘、鄂、赣的城市外贸竞争力，有针对性地对各城市进行整体规划和个别整合，进一步地挖掘城市群的外贸潜力。积极对接国家"一带一路"战略，发挥联动东部地区和中西部地区的传导作用，构建多种形式的对外开放平台，最终打造内陆开放高地。

（三）有利于加快拓展国内市场总体规模和扩大内需

党的"十七大"明确提出，到 2020 年，要建成国内市场总体规模最大的国家。在应对金融危机中，中央又明确提出扩大内需的重要方针。党的"十八大"进一步指明，要牢牢把握扩大内需这一战略基点，加快建立扩大消费需求长效机制。而加快国内市场培育和扩大内需，重点在中西部地区。培育长江中游城市群，有利于构建国内市场体系，扩大国内市场总体规模。一是长江中游城市群居中部地区核心区域，具有明显的市场区位优势，在国内市场体系中处于枢纽地位。二是市场要素资源丰富。当前，沿海地区和国外市场要素正在加速向中部地区转移，加快长江中游城市群建设，有利于发挥其比较优势，吸引海内外市场要素转移，加快国内市场枢纽建设。培育长江中游城市群有利于扩大内需。长江中游城市群拥有全国11.16%的人口、9.96%的社会消费品零售总额和11.6%的固定资产投资规模，内需潜力巨大、市场空间广阔，应该成为扩大内需的重点区域。

（四）有利于统筹区域协调发展

打造长江中游城市群、加快长江中游区域经济发展，对全国统筹区域发展、构建新的经济增长极，具有重要的战略意义。从国家发展的区域规划演变来看，国家发展战略从沿海进入沿海、沿江并重发展时代。在大环境下的协调发展需要我们首先了解自身的发展的优势与不足，根据各个城市的特点与资源配置因地制宜，发展各城市的优势产业。实现从小区域的协调配合发展到大区域乃至全国范围内的产业合作协调发展。因此，建设长江中游城市群是推进区域协调发展的需要。

（五）有利于中部崛起战略的实施

随着城市群的发展壮大，国家新的区域经济版图逐渐成型，包括长三角、北部湾、珠三角、环渤海、东北省、中部和西部。中部地区要在下一次竞争中崛起，必须依靠长江中游城市群的规模城市效应。规划分工，优化资源配置，发挥中部地区崛起的核心增长区的推动和辐射作用，整体提升中部地区的城市外贸竞争力和开放水平。

第二节

分析框架、研究方法和研究目的

一、分析框架

在走访、调研的基础上，收集、整理长江中游城市群三省相关地市统计数据，构建海量数据库，通过细致比较城市群在资源（含矿产分布）、人口、经济、科教、产业和城市竞争力等方面的现状，并针对城市群所涉省、市的经济发展和特色产业进行深入分析，找到符合当地条件的比较优势资源和优势产业；以各省规划优势产业为序，逐个产业分城市群所涉省的发展状况比较，提出产业链各环节在不同区域的有效协作、差异化发展策略等。具体而言，分为上篇基础优势篇和下篇可持续发展篇。其中上篇中的第一、二、三、四章分别介绍长江中游城市群的构成、资源优势、基础设施、经济状况、产业发展和企业实力，下篇中的第五、六、七、八章从外贸发展的现状、竞争力、潜力和城市群比较等方面分析，最后给出政策建议。

二、研究方法

（一）实地调研

本课题组在走访、调研的基础上，收集、整理长江中游城市群三省相关地市统计数据。

（二）比较研究方法

本课题将全方位多角度地对长江中游城市群进行横向比较，分别从资源环境优势、基础设施优势、经济基础优势、经贸发展优势、产业发展比较优势、优势行业的省际比较、飞地经济以及长江中游城市群的竞争力这些角度进行比较。

从多角度对长江中游城市群的外贸竞争力进行比较分析，从总量、速度、结构对三省的 31 个城市的对外贸易进行比较分析；同时，从整体上也对长江中游城市群的外贸竞争力进行比较分析。

（三）归纳与分析

参考一些外贸经济发展教辅资料、科研调查报告和国内外长江中游城市群建设的政策规划来了解城市群的发展现状、特点及规划。同时在分析研究的基础上总结出城市群的建设规律以及长江中游城市群的外贸竞争力的提升的影响因素。

三、研究目的

本课题的研究目的主要体现在以下几个方面：

一是摸清长江中游城市圈湖北段、湖南段、江西段发展状况的基础上，分析合作基础，明晰长江中游城市群在地理交通、产业实力、人才资源、生态环境、辐射国内市场等方面的比较优势和竞争优势。

二是明析长江中游城市群各区段和各城市的潜质，针对各个城市群对外贸易的竞争力的特点来有规划地发展优势产业，优化资源配置，深化合作，避免盲目建设和恶性竞争，真正做到外贸的可持续发展。

三是把握一体化发展的主线，探讨长江中游城市群的务实推进机制、高层协调机制，制定切实可行的推进长江中游城市群的措施和相关政策。

四、本书创新点

在归纳、分析、借鉴前人研究和政策规划的基础上，本书主要有以下几点创新点：

一是从《十一五发展规划》提出了"促进中部地区崛"起的战略发展方针以来，对与中部城市发展研究一直从未中断。但是，对于现如今的长江中游城市群的整体规划和对外贸易竞争力的研究却是较少的，本书通过研究比较的分析方法对长江中游城市群的各个城市的对外贸易竞争力进行详尽的分析，并提出提升长江中游城市群外贸竞争力的相关政策建议。

二是本书通过对湖北武汉城市圈、湖南环长株潭城市群和江西环鄱阳湖城市群的具体比较分析，发掘各个城市圈的外贸竞争力的优缺点，实现各省"自身角度为主，兼顾其他省份"目标，有利于实现优化和资源配置。发掘中部地区外贸竞争力潜力，实行以外贸促发展、以合作促增长的经济发展目标。

第二章

长江中游城市群发展的
基本状况

第一节
长江中游城市群发展的基本情况

一、长江中游城市群城市构成

（一）长江中游城市群的形成

在我国目前的经济版图上，长三角、珠三角、京津冀三大都市圈是我国经济发展的主要引擎。长江中游地区要在下一轮竞争中占有一席之地，必须走联合发展的道路，通过分工协作，加强区域协调合作、实现互利共赢，建立具有竞争力的长江中游城市群，从而带动长江中游城市群加快建设成为跨省域一体化城市集群，成为我国经济增长的"第四极"。

长江中游城市群原本是指以武汉为中心城市，长沙、南昌为副中心城市，涵盖武汉城市群、长株潭城市群、环鄱阳湖经济圈的中部经济发展地区，也被称为"中三角"。2012 年 12 月，国务院副总理李克强在九江主持召开区域发展与改革座谈会，谈到长江中游城市群时，建议将安徽纳入进来，"中三角"遂变为"中四角"。2013 年 3 月，长沙、合肥、南昌、武汉四个省会城市达成《武汉共识》，以合肥为代表的江城市带以及六安、淮南、蚌埠 11 个城市向西靠拢加入到长江中游城市群。各省也积极参与长江中游城市群的建设，并将其列入了 2013 年的政府工作报告。其中湖南省指出"积极参与泛珠三角和中部地区合作，加强与长三角、中原经济区的联系"；江西省将"加强与长三角、珠三角、海西经济区、武汉城市圈、长株潭城市群对接合作，推进长江中游城市集群建设"；湖北省联合湖南、江西等省共同推动，使长江中游城市群建设上升为国家战略；安徽省将"深化与长三角地区融合发展，加强与长江中游城市群和中原经济区协同发展，密切与珠三角、环渤海、中西部、港澳台等区域及国际合作发展"。2015 年 4 月 5 日，国务院正式批复实施《长江中游城市群发展规划》。由此，长江中游城市群的建设进入到了新的阶段。

（二）长江中游城市群的构成

长江中游城市群是由武汉城市圈、环长株潭城市群和环鄱阳湖城市群为主体的特大型城市群（见图 2 - 1）。具体而言，长江中游城市群的 31 个城市如下：

湖北省：包括武汉"1 + 8"城市圈（武汉、黄石、黄冈、鄂州、孝感、咸宁、仙桃、天门、潜江）以及襄阳、宜昌、荆州、荆门，总共 13 个城市。

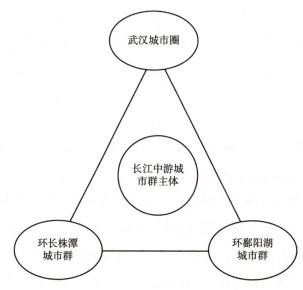

图 2 - 1　长江中游城市群的构成主体

湖南省：包括环长株潭城市群（长沙、株洲、湘潭、岳阳、益阳、常德、娄底、衡阳），共 8 个城市。

江西省：包括环鄱阳湖城市群（南昌、九江、景德镇、鹰潭、上饶、新余、抚州、萍乡、宜春、吉安），共 10 个城市。

（三）鄂湘赣的城市群演化

1. 武汉市城群

武汉城市圈，是指以武汉为圆心，包括黄石、鄂州、黄冈、孝感、咸宁、仙桃、天门、潜江周边 8 个城市所组成的城市圈（见图 2 - 2）。它是中国中部经济区及长江中游最大、最密集的城市群。

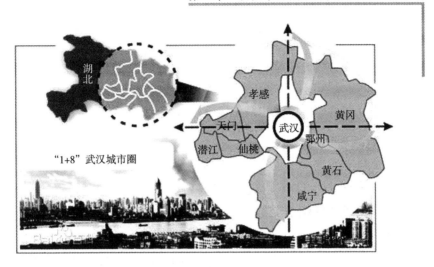

图 2 - 2 武汉城市圈的方位示意图

武汉城市圈定调于 2002 年 6 月，时任湖北省委书记的俞正声在中国共产党湖北省第八次代表大会上的报告：武汉市要"拓展和完善城市空间布局和功能分区，形成武汉经济圈"。2003 年时湖北省先后组织召开了加快推进武汉城市圈建设研讨会和专家座谈会，形成了《关于加快推进武汉城市圈建设的若干意见》。这一意见于 2004 年下发，明确提出了武汉城市圈建设实施，基础设施建设一体化、产业布局一体化、区域市场一体化、城市建设一体化的"四个一体化"基本思路。随着"中部崛起"战略的提出，"武汉城市圈"被列为中部四大城市圈之首，进入国家层面。自此开始在市场准入、人才流动、子女入学、居民就业等方面，建立一体化的政策框架，提高城市圈的整体竞争力。

2007 年 12 月 7 日，国务院正式批准武汉城市圈为"全国资源节约型和环境友好型社会建设综合配套改革试验区"。城市圈不断推进圈域基础设施、产业优化整合、交通基础设施建设、现代农业产业化、城乡市场繁荣和公共服务均等化等工作。到2012年底时，武汉"1＋8"城市圈1小时交通网格局正式形成。东湖高新区成为自中关村后的第二个国家自主创新示范区，武汉经济技术开发区和黄石经济技术开发区均为国家级经济技术开发区。2014年《武汉城市圈区域发展规划（2013～2020年）》获国家发改委批复，武汉城市圈将建设成为全国两型社会建设示范区、全国自主创新先行区、全国重要的先进制造业和高技术产业基地、全国重要的综合交通运输枢纽、中部地区现代服务业中心和促进中部地区崛起的重要增长极。长江中游城市群除武汉城市圈的八个城市外，还包括湖北省的襄阳、宜昌、荆门和荆州四个城市。

2. 长株潭城市群

1997年，湖南省做出了推进长株潭共同建设的战略决策，并开始了城市群经济一体化的协调。在2005年10月时湖南在长株潭城市群区域规划中，将长株潭城市群定义为两个层次，第一层次为长沙、株洲、湘潭三个城市，市域共2.8万平方公里；第二层次为规划的目标区域，即长株潭城市群的核心区域，包括长沙市2893平方公里，湘潭市870平方公里，以及株洲市740平方公里。此时的长株潭城市群仍停留在长、株、潭三市上。2006年，时任省委书记张春贤在报告中提出了"3＋5"城市群战略，即以长沙、株洲、湘潭三市为中心，1.5小时通勤为半径，包括岳阳、常德、益阳、娄底、衡阳5个省辖市在内的城市聚集区。在原"交通同环、电力同网、金融同城、信息同享、环境同治"的基础上形成"新五同"：交通同网、能源同体、信息同享、生态同建、环境同治。2006年，长株潭被国家列为促进中部崛起重点发展的城市群之一。2007年，长株潭城市群获批为全国资源节约型和环境友好型社会建设综合配套改革试验区。

2012 年湖南省出台《"十二五"环长株潭城市群发展规划》和《湖南省推进新型城镇化实施纲要（2012～2020 年)》，提出构建以长株潭城市群为核心的新型城镇体系，到 2015 年，长株潭城市群城镇化率达到 70%，长株潭将作为一个"超级城市"的形态出现，进而带动全省城市化进程。

3. 环鄱阳湖城市群

2004 年，江西省政协委员殷国光提出了"加强鄱阳湖经济圈发展"的提案。在 2006 年 12 月中旬召开的江西省第十二次党代会上，时任江西省委书记孟建柱提出了江西要构建"环鄱阳湖城市群"的发展战略构想。并于年底，公布了《环鄱阳湖经济圈规划》已正式公布。规划中，环鄱阳湖经济圈范围涉及南昌、九江、上饶、鹰潭、抚州和景德镇六个设区市，土地面积占全省总面积的 31.86%，人口占全省总人口的 42.8%。2009 年 12 月 12 日，国务院正式批复《鄱阳湖生态经济区规划》，标志着建设鄱阳湖生态经济区正式上升为国家战略。2016 年《环鄱阳湖生态城市群规划（2015～2030 年)》的制订，进一步明确城市发展目标，到 2020 年区域城镇化水平将达到 60% 左右，2030 年城镇化水平为 70% 左右。

二、长江中游城市群的主要指标

（一）土地面积

长江中游城市群所含 31 个城市，区域面积 34.92 万平方公里，占全国 3.62%。从面积上看（见图 2－3），江西段的面积最大，2013 年时为 12.76 万平方公里，占江西全省面积的 76.38%；其次是湖北段，为 12.53 万平方公里，占湖北全省面积的 67.44%；湖南段面积最小，为 9.6 万平方公里，占湖南全省的 45.47%。

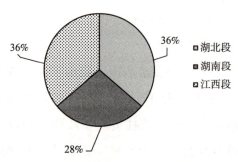

图 2-3　长江中游城市群各省土地面积占比

资料来源：《中国区域经济统计年鉴》。

（二）人口与就业

2013 年长江中游城市群的总人口约为 1.31 亿人（见表 2-1），占三个省的 76.72%，约为全国人口的 10%。湖北段是人口最集中的地区，约有 5153 万人，占全湖北省的 88.86%，占长江中游城市群的 39.48%。其次是湖南段，约 4224 万人，占全湖南省的 63.13%，占长江中游城市群的 32.37%。从整体上看，长江中游城市群的每个省段都集中了该省大部分人口。

图 2-4 反映了长江中游城市群的就业情况。从 2009~2013 年，就业稳定上升，从 7056 万人增加到了 7620 万人。其中，湖北段就业人口最多，达到 2808 万人；其次为湖南段和江西段，分别有 2582 万人和 2229 万人。

表 2-1				长江中游城市群的年底总人口		
地区	2009 年		2011 年		2013 年	
	总值（万人）	比重（%）	总值（万人）	比重（%）	总值（万人）	比重（%）
湖北段	5123	89.56	5143	89.32	5153	88.86
湖南段	4126	64.40	4237	64.24	4224	63.13
江西段	3589	80.98	3646	81.23	3674	81.25
总计	12837	77.53	13026	77.34	13051	76.72

注：表中比重值为长江中游城市群某省段城市总和占全省的比重，例如，湖北段比重为湖北 13 个城市的总和占全湖北省的比重。

资料来源：依据相应年度的《中国区域经济统计年鉴》数据整理。

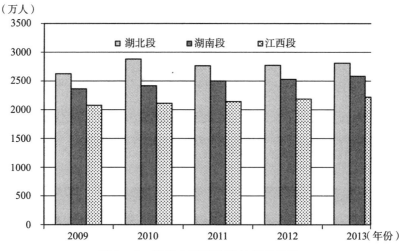

图 2-4 长江中游城市群的就业情况

（三）经济总量

2013 年长江中游城市群 GDP 总计为 56124.10 亿元，约为 2009 年的 2 倍（如表 2-2 所示）。这说明，2009 年实施的中部崛起战略，确实促进了中部地区经济的大幅度增长。湖北段的经济总量最大，2013 年实现 2.38 万亿元，约占到整个城市群的 42%；其次是湖北段，2013 年为 1.97 万亿元；最后是江西段，2013 年为 1.27 万亿元。在城市群，湖北段经济总量占到湖北省经济总量的 96%，湖南段和江西段分别占到湖南省和江西省的 79.83% 和 87.91%。反映出，长江中游城市群的建设极大关系着乃至引领着中部地区的发展。

表 2 - 2　　　　　　　　　长江中游城市群的经济总量

地区	2009 年		2011 年		2013 年	
	总值（亿元）	比重（%）	总值（亿元）	比重（%）	总值（亿元）	比重（%）
湖北段	11711.04	90.36	18124.14	92.32	23799.60	96.00
湖南段	10348.35	79.24	15483.61	78.72	19656.70	79.83
江西段	6711.12	87.67	10185.07	87.03	12667.80	87.91
总计	28770.51	85.43	43792.82	85.86	56124.10	87.94

　　注：表中比重值为长江中游城市群某省段城市总和占全省的比重，例如，湖北段比重为湖北 12 个城市的总和占全湖北省的比重。

（四）人均 GDP

由表 2 - 3 可知，湖南段人均 GDP 在 2013 年达到 46535.75 元，而 2009 年只有 25083.26 元，是 2009 年的 1.86 倍；湖北段人均 GDP 在 2013 年达到 46186.81 元，是 2009 年的 2 倍；江西段人均 GDP 为 34477.71 元，是 2009 年的 1.84 倍。湖北段人均收入虽然不是最高的，但却是这五年增长最快的。与全国人均 GDP 相比，2011 年前，长江中游城市群落后于全国平均水平，但之后却开始高于全国水平。例如，2013 年全国人均

GDP 达到 43852 元,湖北段和湖南段都高于这个水平,只有江西段人均 GDP 较低。

表 2 - 3　　　　长江中游城市群的人均 GDP　　　单位:元

地区	2009 年	2010 年	2011 年	2012 年	2013 年
湖北段	22861.47	27722.48	35241.77	41092.58	46186.81
湖南段	25083.26	29750.34	36542.94	41024.46	46535.75
江西段	18698.07	22955.13	27936.45	31262.7	34477.71
全国	26222	30876	36403	40007	43852

注:各区段人均 GDP 等于 GDP 总量除以总人口。
资料来源:《中国区域经济统计年鉴》;全国数据来源于《中国统计年鉴》。

(五) 外资

如表 2 - 4 所示,2009 年之后,长江中游城市群利用外资的规模逐渐扩大,2013 年总计 198 亿美元,是 2009 年的 1.68 倍。2013 年,湖南段利用外资 67 亿美元,湖北段和江西段分别为 66 和 64 亿美元。从增长速度上看,湖南和江西最快,最后是湖北。

表 2 - 4　　　　长江中游城市群利用外资的情况　　　单位:万美元

地区	2009 年	2010 年	2011 年	2012 年	2013 年
湖北段	446034	504146	446716	643320	662084
湖南段	363347	407830	484911	572678	674293
江西段	369161	452524	518145	584747	644382
总计	1178542	1364500	1449772	1800745	1980759

资料来源:根据《中国区域经济统计年鉴》数据整理。

第二节

长江中游城市群的资源环境

一、自然资源优势

(一) 土地资源

从 2013 年各市市区面积来看，湖北省 3 座城市位于长江中游城市群前 10 名，其中宜昌位于第 3，襄阳位居第 4，黄冈位于第 9；湖南省有 2 座城市位于前 10 名，常德位于第 8 位，衡阳位于第 10 位；江西省有 5 座城市位于前 10 名，吉安、上饶、九江、抚州、宜春分别位于第 1、2、5、6、7 位。其中武汉面积为 8494 平方公里，居于第 19 位；长沙面积 12404 平方公里，居于第 15 位；南昌面积 7194 平方公里，居于第 21 位（见表 2 - 5）。

表 2 - 5 　　　　　　　　 各市市区面积排序

地区	2013 年排序	地区	2013 年排序	地区	2013 年排序
武汉	19	潜江	30	九江	5
黄冈	9	天门	28	景德镇	22
黄石	24	长沙	15	鹰潭	26
鄂州	31	株洲	16	上饶	2
孝感	18	湘潭	23	新余	27
咸宁	17	岳阳	11	抚州	6

地区	2013 年排序	地区	2013 年排序	地区	2013 年排序
襄阳	4	益阳	14	宜春	7
宜昌	3	常德	8	吉安	1
荆州	12	娄底	20	萍乡	25
荆门	13	衡阳	10		
仙桃	29	南昌	21		

资料来源：根据《中国区域经济统计年鉴》数据整理。

（二）水资源

1. 供水综合生产能力

城市群中湖北段供水综合生产能力最强（见表 2 - 6），2009 年为 913.28 万立方米/日，至 2015 年增长幅度不大；湖南段供水综合生产能力从 2009 年的 591.11 增加至 671.37 万立方米/日；江西段 2015 年供水达 346.4 万立方米/日，比 2009 年略有增长。

表 2 - 6　　　　　各段城市供水综合生产能力汇总　单位：万立方米/日

地区	2009 年	2011 年	2013 年	2015 年
湖北段	913.28	927.64	899.61	917.16
湖南段	591.11	628.08	638.2	671.37
江西段	338.36	318.54	323.37	346.4

资料来源：根据各年度《中国城市建设统计年鉴》数据整理。

表 2 - 7 显示了 2015 年各市城市供水综合生产能力排名。三个省会城市武汉、长沙和南昌分别位居前 3 位。湖北省的襄阳、

宜昌、黄石和湖南的株洲、岳阳、益阳、衡阳位于前 10 名。江
西省各城市的供水能力相较于其他省较弱。

表 2 - 7 　　　　　各市城市供水综合生产能力排序

地区	2015 年排序	地区	2015 年排序	地区	2015 年排序
武汉	1	潜江	18	九江	15
黄冈	21	天门	30	景德镇	25
黄石	8	长沙	2	鹰潭	31
鄂州	21	株洲	6	上饶	17
孝感	19	湘潭	12	新余	26
咸宁	29	岳阳	5	抚州	23
襄阳	4	益阳	10	宜春	28
宜昌	7	常德	14	吉安	23
荆州	11	娄底	27	萍乡	20
荆门	13	衡阳	9		
仙桃	16	南昌	3		

资料来源：根据各年度《中国城市建设统计年鉴》数据整理。

2. 供水管道长度

各城市供水管道长度逐年提高。湖北段在 2009 年管道只有
15768.18 公里，而到2015 年时已有 21739.94 公里；其次是湖南
段，2015 年达到 11551.12 公里，增长近一倍；江西段也从 2009
年 6592.16 公里增长到了 10550.93 公里（见表 2 - 8）。

表2-8　　　　　各段城市供水管道长度汇总　　　　　单位：公里

省份	2009 年	2011 年	2013 年	2015 年
湖北段	15768.18	17151.61	20071.38	21739.94
湖南段	6719.19	7969.68	9590.3	11551.12
江西段	6592.16	7484.02	9075.54	10550.93

资料来源：根据各年度《中国城市建设统计年鉴》数据整理。

从2015年各市城市供水管道长度排名上看，武汉、南昌和长沙分别排列前3位。湖北省还有2个城市位于前10名：宜昌和荆州；除长沙外，湖南还有4个城市在前10名之列：株洲、常德、湘潭、衡阳；江西除南昌外还有九江市居第6位（见表2-9）。

表2-9　　　　　　各市城市供水管道长度排序

地区	2015 年排序	地区	2015 年排序	地区	2015 年排序
武汉	1	潜江	16	九江	6
黄冈	28	天门	14	景德镇	19
黄石	15	长沙	3	鹰潭	31
鄂州	12	株洲	4	上饶	20
孝感	26	湘潭	9	新余	25
咸宁	30	岳阳	13	抚州	22
襄阳	11	益阳	27	宜春	18
宜昌	7	常德	8	吉安	17
荆州	5	娄底	29	萍乡	24
荆门	23	衡阳	10		
仙桃	21	南昌	2		

资料来源：根据《中国城市建设统计年鉴》数据整理。

二、环境优势

(一)人均公园绿地面积比较

人均公园绿地面积是衡量城市生态建设的指标之一。从表 2－10 可以看出，湖北只有鄂州市的人均绿地面积能排在长江中游城市群的第 8 位，湖南省则只有常德排在第 10 位。而江西除南昌和萍乡外，其他城市的人均绿地面积都较高，均位列整个城市群的前 10 名。

表 2－10　　　　　各市人均绿地面积排序

地区	2015 年排序	地区	2015 年排序	地区	2015 年排序
武汉	19	潜江	25	九江	2
黄冈	12	天门	31	景德镇	7
黄石	18	长沙	21	鹰潭	4
鄂州	8	株洲	17	上饶	9
孝感	29	湘潭	28	新余	1
咸宁	13	岳阳	23	抚州	5
襄阳	14	益阳	30	宜春	6
宜昌	11	常德	10	吉安	3
荆州	22	娄底	25	萍乡	20
荆门	16	衡阳	24		
仙桃	27	南昌	15		

资料来源：根据《中国城市建设统计年鉴》数据整理。

长江中游城市人均公园绿地面积保持稳定的增长率，2009 年

31 座城市人均公园绿地面积平均为 10.62 平方米，2015 年 31 座城市人均公园绿地面积平均为 12.43 平方米。从极值比来看，在这些城市之间的差距也在缩小。

（二）人口密度

从表 2-11 的各市人口密度来看，武汉人口密度为 4413 人/平方公里，位于第 15 名；长沙人口密度 2831 人/平方公里，居第 19 位；南昌人口密度 7536 人/平方公里，居第 5 位。湖北省荆州市为 31 座城市中人口密度最高的，达到 9389 人/平方公里；其后依次为湖南的衡阳、娄底，江西的上饶等。湖北天门、潜江、仙桃、宜昌四个城市和湖南株洲的人口密度低，例如，天门只有 928 人/公里，宜昌有 1709 人/公里。

表 2-11　　　　　　　各市人口密度（2015）　　　单位：人/平方公里

地区	密度	排序	地区	密度	排序	地区	密度	排序
武汉	4413	15	潜江	1333	29	九江	6055	8
黄冈	5996	9	天门	928	31	景德镇	2522	20
黄石	3698	16	长沙	2831	19	鹰潭	3503	17
鄂州	1740	26	株洲	1287	30	上饶	7649	4
孝感	5553	11	湘潭	4851	13	新余	2041	23
咸宁	2493	21	岳阳	4581	14	抚州	6648	6
襄阳	3099	18	益阳	5632	10	宜春	6517	7
宜昌	1709	27	常德	2366	22	吉安	1898	25
荆州	9389	1	娄底	7814	3	萍乡	5258	12
荆门	1995	24	衡阳	8360	2			
仙桃	1667	28	南昌	7536	5			

资料来源：根据《中国城市建设统计年鉴》数据整理。

第三节

长江中游城市群的基础设施

一、交通优势

(一) 公路里程比较

从表2-12看出，长江中游城市群公路基础设施发展快速。其中，湖南省发展最快，2009年约为10万公里，2013年达到13万公里；2009年湖北公路里程有13万公里，2013年为15万公里；江西2009年和2015年分别为11万公里和12万公里。从极值比来看，在这31座城市中，城市之间的差距在扩大。

表2-12	各段公路里程总量			单位：公里	
	2009年	2010年	2011年	2012年	2013年
湖北段	129414	133709	137534.3	141059.6	148757
湖南段	103823	128483	129989.4	130635.8	131150
江西段	109498	112153	116806.9	122435	123264

数据来源：根据《中国区域经济统计年鉴》数据整理。

表2-13中，前3名城市均分布在湖北：宜昌市居31个城市的第1位，公路里程约2.8万公里；襄阳为第2位，约2.7万公里；黄冈为第3位，约2.6万公里。湖南的岳阳、常德、衡阳和江西的九江、上饶、吉安在表2-13的公路里程排名表中也居前10位。

表 2 - 13　　　　　　　　各市公路里程排序

地区	2013 年排序	地区	2013 年排序	地区	2013 年排序
武汉	14	潜江	31	九江	10
黄冈	3	天门	29	景德镇	25
黄石	24	长沙	13	鹰潭	28
鄂州	30	株洲	18	上饶	9
孝感	19	湘潭	22	新余	26
咸宁	16	岳阳	8	抚州	17
襄阳	2	益阳	12	宜春	11
宜昌	1	常德	4	吉安	5
荆州	7	娄底	15	萍乡	23
荆门	20	衡阳	6		
仙桃	27	南昌	21		

资料来源：根据《中国区域经济统计年鉴》数据整理。

（二）城市道路长度比较

长江中游城市群各市道路长度保持较高的增长率，2009 年 31 座城市平均道路长度为 556 公里，2015 年平均道路长度为 807 公里。其中，湖北道路长度最长，达到 11273 公里；湖南和江西分别为 7018 公里和 5694 公里（见表 2 - 14）。

表 2 - 14　　　　　　　各段城市道路长度　　　　　　　单位：公里

	2009 年	2011 年	2013 年	2015 年
湖北段	7666	8395	10924	11273
湖南段	5200	6626	7127	7018
江西段	3706	4237	4700	5694

数据来源：根据各年度《中国城市建设统计年鉴》数据整理。

表 2 - 15 为城市道路的排名表。武汉、长沙和南昌居前 3 位，分别为 5354 公里、2300 公里和 1659 公里。湖北段有 4 个城市居前 10 位：黄石、襄阳、宜昌、荆州；湖南段有株洲、岳阳居前 10 位；江西段还有九江也在前 10 位之列。从极值比来看，在这 31 座城市中，城市之间的差距在扩大。

表 2 - 15　　　　　　　各市道路长度排序

地区	2015 年排序	地区	2015 年排序	地区	2015 年排序
武汉	1	潜江	25	九江	7
黄冈	19	天门	30	景德镇	22
黄石	9	长沙	2	鹰潭	31
鄂州	26	株洲	4	上饶	11
孝感	15	湘潭	14	新余	17
咸宁	29	岳阳	10	抚州	18
襄阳	6	益阳	20	宜春	24
宜昌	5	常德	12	吉安	23
荆州	8	娄底	27	萍乡	28
荆门	16	衡阳	21		
仙桃	12	南昌	3		

资料来源：根据《中国城市建设统计年鉴》数据整理。

（三）民用汽车拥有量比较

长江中游城市群各城市民用汽车拥有量保持较高的增长率，以江西段最为突出。2009 年江西段只有 97 万辆，而 2013 年增加到 216 万辆，是 2009 年的 2.2 倍。2009 年湖南段民用汽车有 376 万辆，2013 年时已有 590 万辆。湖北段则从 2009 年的 232 万辆增加到 314 万辆（见表 2 - 16）。

表 2 – 16 各段民用汽车拥有量汇总 单位：辆

	2009 年	2010 年	2011 年	2012 年	2013 年
湖北段	2321399	2732280	2286898	2641286	3144246
湖南段	3764926	4351182	4893888	5641838	5897339
江西段	969128	1268833	2937021	1794787	2159073

资料来源：根据《中国区域经济统计年鉴》数据整理。

在表 2 – 17 中，长沙和武汉分别有 159 万和 124 万辆汽车，居长江中游城市群之首。湖南段全部城市均居前 10 位，而江西除南昌外，其他城市均不在前 10 名之列。由此可见各城市和各省段的区别较大。

表 2 – 17 各市民用汽车拥有量排序

地区	2013 年排序	地区	2013 年排序	地区	2013 年排序
武汉	2	潜江	22	九江	14
黄冈	17	天门	31	景德镇	24
黄石	25	长沙	1	鹰潭	29
鄂州	28	株洲	6	上饶	15
孝感	21	湘潭	10	新余	27
咸宁	23	岳阳	7	抚州	19
襄阳	11	益阳	9	宜春	12
宜昌	13	常德	3	吉安	18
荆州	16	娄底	4	萍乡	26
荆门	20	衡阳	5		
仙桃	30	南昌	8		

资料来源：根据《中国区域经济统计年鉴》数据整理。

（四）私人汽车拥有量比较

湖北段民用汽车拥有量中近一半以上是私人汽车，2013 年达到 220 万辆。湖南段的私人汽车量则达到 241 万辆，江西段达到 162 万辆（见表 2－18）。尽管江西段的汽车拥有量是最少的，但却是增长最快的，2015 年汽车拥有量约是 2009 年的 2.9 倍。

表 2－18　　　　　　　各段私人汽车拥有量汇总　　　　　　单位：辆

	2009 年	2010 年	2011 年	2012 年	2013 年
湖北段	1141084	1406253	1570959	1819436	2206446
湖南段	978888	1292588	1621665	1993413	2416724
江西段	560776	794906	1034283	1298044	1625323

资料来源：根据《中国区域经济统计年鉴》数据整理。

相比于民用汽车拥有量，江西段更多城市跻身于私人汽车拥有量的前 10 名，如南昌、九江、宜春，其中南昌居第 3 位。湖北的武汉、襄阳、宜昌和湖南的长沙、株洲、岳阳、衡阳也在前 10 名，其中武汉居第 2 位，长沙居第 1 位。

表 2－19　　　　　　　各市私人汽车拥有量排序

地区	2013 年排序	地区	2013 年排序	地区	2013 年排序
武汉	2	潜江	28	九江	8
黄冈	16	天门	30	景德镇	23
黄石	24	长沙	1	鹰潭	27
鄂州	31	株洲	10	上饶	11
孝感	21	湘潭	17	新余	26
咸宁	22	岳阳	9	抚州	20

地区	2013 年排序	地区	2013 年排序	地区	2013 年排序
襄阳	4	益阳	15	宜春	6
宜昌	5	常德	12	吉安	18
荆州	13	娄底	14	萍乡	25
荆门	19	衡阳	7		
仙桃	29	南昌	3		

资料来源：根据《中国区域经济统计年鉴》数据整理。

（五）桥梁数比较

长江中游城市群各市桥梁数量保持非常高的增长率，2015 年湖北、湖南、江西段的桥梁分别有 2 万、1.26 万、1.22 万座，而 2009 年只有 764、278 和 403 座（见表 2 - 20）。综合公路里程、道路长度和桥梁的数据来看，长江中游城市群在 2009 年之后的基础设施建设较多，这将为城市群的经济和外贸发展奠定良好基础。

表 2 - 20　　　　　　　各段桥梁汇总　　　　　　　单位：座

地区	2009 年	2011 年	2013 年	2015 年
湖北段	764	16360	18284	20270
湖南段	278	11860	12524	12612
江西段	403	8958	10409	12221

资料来源：根据各年度《中国区域经济统计年鉴》数据整理。

武汉、长沙和南昌三个省会城市稳居前 3 位，此外，湖北的黄石、宜昌，湖南的株洲、湘潭、常德，江西的九江、上饶也位居前 10 名（表 2 - 21）。

表 2 - 21   **各市桥梁数排序**

地区	2015 年排序	地区	2015 年排序	地区	2015 年排序
武汉	1	潜江	25	九江	7
黄冈	16	天门	27	景德镇	23
黄石	6	长沙	2	鹰潭	30
鄂州	28	株洲	4	上饶	9
孝感	11	湘潭	8	新余	13
咸宁	26	岳阳	17	抚州	12
襄阳	31	益阳	21	宜春	20
宜昌	5	常德	10	吉安	19
荆州	15	娄底	29	萍乡	24
荆门	18	衡阳	14		
仙桃	22	南昌	3		

资料来源：根据《中国区域经济统计年鉴》数据整理。

二、市政设施

（一）人均日生活用水量比较

从 2015 年人均日生活用水量上看，湖北省有 4 个城市的人口分布位于 31 个城市的前 10 名，分别是武汉市、黄冈市、鄂州市和仙桃市。湖南省尽管只有 8 个城市，但有 4 个城市的人均日常生活用水量位于前 10 名，包括长沙、株洲、湘潭、娄底。江西也有 2 个城市人均日生活用水量排进前 10 名，如南昌和景德镇（见表 2 - 22）。各城市生活用水量持续下降。平均人均日生活用水量从 206 升降至 2015 年的 183 升。

表 2 – 22 各市人均日生活用水量排序

地区	2015 年排序	地区	2015 年排序	地区	2015 年排序
武汉	2	潜江	24	九江	23
黄冈	10	天门	31	景德镇	4
黄石	22	长沙	1	鹰潭	27
鄂州	6	株洲	3	上饶	21
孝感	14	湘潭	9	新余	17
咸宁	30	岳阳	13	抚州	15
襄阳	16	益阳	11	宜春	20
宜昌	19	常德	18	吉安	28
荆州	12	娄底	8	萍乡	29
荆门	25	衡阳	26		
仙桃	7	南昌	5		

资料来源：根据《中国城市建设统计年鉴》数据整理。

（二）燃气普及率比较

从表 2 – 23 各城市燃气普及率可以看出，除益阳市外的其他 30 个城市的燃气普及率均高于 90%。荆州、仙桃、天门更是达到了 100%。武汉、长沙和南昌的普及率分别为 98.95%、95.39% 和 93.23%。

表 2 – 23 各市燃气普及率 单位：%

地区	2015 年	地区	2015 年	地区	2015 年
武汉	98.95	潜江	99.93	九江	99.47
黄冈	99.97	天门	100	景德镇	97.8
黄石	98.77	长沙	95.39	鹰潭	98.32
鄂州	95.45	株洲	98.82	上饶	96.35
孝感	96.61	湘潭	95.81	新余	99.45

续表

地区	2015 年	地区	2015 年	地区	2015 年
咸宁	94.63	岳阳	100	抚州	99.45
襄阳	99.49	益阳	89.14	宜春	95.12
宜昌	93	常德	93.48	吉安	97.64
荆州	99.87	娄底	96.54	萍乡	98.93
荆门	100	衡阳	99.25		
仙桃	100	南昌	93.23		

资料来源：根据各年度《中国城市建设统计年鉴》数据整理。

三、通信优势

（一）邮电业务

表 2-24 给出了长江中游城市群所涉省份的邮电业务。2014 年，湖北完成邮电业务总量 720.35 亿元，比上年增长 19.3%，高于全国增长率 0.3 个百分点；湖南省和江西省的邮电业务分别为 745 亿元和 445.70 亿元。总体而言，三个省份的邮电业务总量约为全国的 8.7%。

表 2-24　　　　　各省邮电业务汇总　　　　单位：亿元

省份	邮电业务总量（亿元）	固定电话（万户）	移动电话（万户）
湖北省	720.35	907.40	4606.80
湖南省	745	844.10	4729.70
江西省	445.70	577.40	3332.30
全国	21846	24943	128609

资料来源：湖北省统计局。

（二）移动电话用户

长江中游城市群各市移动电话用户量有所上升，2009 年 31 座城市总移动电话用户为 6157.3 万户，2013 年 31 座城市总移动电话用户为 9899.51 万户（见表 2 - 25）。其中，湖北段移动电话使用量最多，达到 4402.8 万户；湖南段次之，为 3203.71 万户；江西段最少，2015 年有 2293 万户，是 2009 年的 1.8 倍，是三省段中增长速度最快的。

表 2 - 25　　　　　各段移动电话汇总　　　　单位：万户

	2009 年	2010 年	2011 年	2012 年	2013 年
湖北段	2978.2	3170.5	3311.12	4074.62	4402.8
湖南段	1901.5	2259.4	2664.94	2993.63	3203.71
江西段	1277.6	1919.2	1939.76	2101.89	2293
总计	6157.3	7349.1	7915.82	9170.14	9899.51

资料来源：根据各年度《中国区域经济统计年鉴》数据整理。

从 2013 年各市移动电话用户量排序（见表 2 - 26）来看，湖北省 5 座城市位于长江中游城市群前 10 名，其中武汉位于第 1，襄阳位于第 4，荆州、宜昌、黄冈分别位于第 5、第 7、第 9 名；湖南省有 3 座城市位于前 10 名，长沙、衡阳、岳阳分别位于第 2、6、8 名；江西省有 1 座城市位于前 10 名，南昌位于第 3 名。

表 2 – 26   各市移动电话用户排序

地区	2013 年排序	地区	2013 年排序	地区	2013 年排序
武汉	1	潜江	31	九江	15
黄冈	9	天门	30	景德镇	25
黄石	20	长沙	2	鹰潭	29
鄂州	26	株洲	14	上饶	12
孝感	11	湘潭	19	新余	27
咸宁	21	岳阳	6	抚州	23
襄阳	4	益阳	18	宜春	13
宜昌	7	常德	10	吉安	16
荆州	5	娄底	17	萍乡	24
荆门	22	衡阳	8		
仙桃	28	南昌	3		

资料来源：根据《中国区域经济统计年鉴》数据整理。

第三章

长江中游城市群的
经济发展优势

第一节

长江中游城市群的经济优势

一、国内生产总值

在近年来经济进入新常态后，长江中游城市群的经济发展速度虽然放慢，但仍高于全国的平均增速。2016 年湖北段国内生总值最高，达到 30804.12 亿元；湖南段次之，为 25475.61 亿元；江西段最少，有 16266.85 亿元（见表 3 - 1）。

表 3 - 1　　　　　各城市国内生产总值（2016 年）　　　单位：亿元

地区	GDP	地区	GDP	地区	GDP
湖北段	30804.12	湖南段	25475.61	江西段	16266.85
武汉	11912.61（1）	长沙	9323.7（2）	南昌	4354.99（3）
黄冈	1726.17（15）	株洲	2512.5（9）	九江	2096.13（10）

续表

地区	GDP	地区	GDP	地区	GDP
黄石	1305.55（21）	湘潭	1845.7（11）	景德镇	840.15（26）
鄂州	797.82（27）	岳阳	3100.87（6）	鹰潭	695.35（28）
孝感	1576.69（16）	益阳	1484.18（18）	上饶	1811.1（12）
咸宁	1107.93（23）	常德	2955.5（7）	新余	1028.17（24）
襄阳	3694.5（5）	娄底	1400.14（20）	抚州	1210.91（22）
宜昌	3709.36（4）	衡阳	2853.02（8）	宜春	1770.4（13）
荆州	1726.75（14）			吉安	1461.37（19）
荆门	1521（17）			萍乡	998.28（25）
仙桃	647.55（29）				
潜江	602.19（30）				
天门	476（31）				

注：数据来源于 2016 年各市《国民经济与社会发展统计公报》；括号中数字为各市在 31 个城市中的排名。

各城市国内生产总值的增长程度不一，但实际排名顺序变化不大。三个省会城市武汉、长沙、南昌雄居 31 座城市的前 3 名，国内生产总值分别为 11912.61 亿元、9323.7 亿元和 4354.99 亿元，武汉的经济总量明显高出长沙和南昌。湖北的宜昌和襄阳、湖南的株洲、岳阳、常德、衡阳，江西的九江排在 31 座城市的前 10 名。可见，尽管湖北段的经济总量较大，但是各城市间差距较大；湖南段城市差距略小，8 个城市中 5 个城市居前 10 名。

二、人均收入

长江中游城市居民收入迅速增长。2009 年武汉城镇居民人均可支配收入为 18385 元，2013 年增加到 29821 元，排在 31

座城市的第 2 位；湖南长沙可支配收入则从 20238 元增加到
33662 元，排第 1 位；南昌从 16472 元增加到 26151 元，居第 4
位（见表 3－2）。湖北省除武汉市外，其他城市均没有进入 31
座城市的前 10 位。湖南段还有株洲、湘潭分别位于第 3、5 位。
江西段的新余、景德镇、萍乡、九江均位于前 10 位。

表 3－2　　　　　　各市城镇居民人均可支配收入　　　　单位：元

地区	2009 年	2013 年	地区	2009 年	2013 年	地区	2009 年	2013 年
武汉	18385	29821	长沙	20238	33662	南昌	16472	26151
黄冈	11306	18432	株洲	17433	28698	九江	14203	22504
黄石	13897	21330	湘潭	16109	24810	景德镇	14996	23991
鄂州	13408	20878	岳阳	15680	21193	鹰潭	14140	22090
孝感	13562	19819	益阳	13802	18928	上饶	13989	22195
咸宁	11627	18581	常德	13859	20766	新余	15610	24751
襄阳	13409	19329	娄底	0	18680	抚州	13119	20835
宜昌	14058	20934	衡阳	13911	22297	宜春	13006	20871
荆州	13304	18706				吉安	14095	22278
荆门	13857	19820				萍乡	14825	23496
仙桃	11783	19065						
潜江	12571	19187						
天门	11243	17112						

但从总体上来说，长江中游城市群的收入仍处于较低水平。
2013 年全国城镇居民人均可支配收入为 26955 元，而城市群中仅
有 3 个城市——长沙、武汉、株洲达到了这一水平。而且从 2013

年各城市收入的极值比和变异系数看，长江中游城市群城镇人均纯收入差距在扩大。

　　农村居民人均纯收入与城市居民人均可支配收入的变动趋势基本一致。2013 年湖北省仅武汉市、荆门市和仙桃市的农村居民人均纯收入在 31 座城市排名中位居第 3、第 9 和第 10 位（见表 3 - 3）。湖南省有 4 座城市在长江中游城市群 31 座城市中排名位居前 10 位，分别是长沙位于第 1 位、株洲位居第 2 位、湘潭位居第 4 位、衡阳位居第 5 位；江西省有 2 座城市位于前 10，南昌位于第 8 位，新余市位于第 6 位。2009～2013 年长江中游城市群各城市农村居民人均纯收入稳步增长，以武汉为例，2009 年收入为 7161 元，而 2013 年收入增加到 12713 元，增幅约为 80%。同时 2013 年极值比和变异系数显示，长江中游城市群各城市之间的农村居民人均纯收入差距呈扩大之势。

表 3 - 3　　　　　　　各市农村居民人均纯收入　　　　单位：元

地区	2009 年	2013 年	地区	2009 年	2013 年	地区	2009 年	2013 年
武汉	7161	12713	长沙	9432	19713	南昌	6296	10806
黄冈	4130	6966	株洲	6502	12908	九江	4819	8805
黄石	4811	8492	湘潭	6782	12673	景德镇	5705	10013
鄂州	5718	10210	岳阳	5340	9930	鹰潭	5510	9832
孝感	5131	9023	益阳	4940	10129	上饶	4701	7919
咸宁	4873	8480	常德	4909	9629	新余	6445	11173
襄阳	5440	9785	娄底	0	7059	抚州	5119	9059
宜昌	5186	9121	衡阳	6327	11876	宜春	5077	9115
荆州	5464	9909				吉安	5019	8030
荆门	5956	10615				萍乡	6344	11099
仙桃	5856	10365						

地区	2009 年	2013 年	地区	2009 年	2013 年	地区	2009 年	2013 年
潜江	5531	10017						
天门	5326	9608						

三、固定资产投资

2015 年，湖北省有 4 座城市固定资产投资金额在长江中游城市群中居前 10 位，其中武汉市位于第 1 位、襄阳位于第 4 位、宜昌市位于第 5 位、黄冈位于第 9 位。湖南省有 4 座城市在长江中游城市群位居前 10 位，长沙、岳阳、衡阳和株洲分别位于第 2、6、7、10 位；江西省有 2 座城市位于前 10 位，南昌和九江分别位于第 3、8 位（见表 3 - 4）。

2009～2015 年长江中游城市群 31 座城市固定资产投资金额稳步增长，2009 年 31 座城市平均固定资产金额为 607 亿元，2015 年 31 座城市平均固定资产金额为 1892 亿元。

表 3 - 4　　　　　各市固定资产投资额（2015 年）　　　单位：亿元

地区	金额	排序	地区	金额	排序	地区	金额	排序
武汉	7680.89	1	长沙	6363.29	2	南昌	4000.07	3
黄冈	1958.40	9	株洲	1942.11	10	九江	531.56	28
黄石	1351.93	19	湘潭	1805.40	12	景德镇	1560.23	16
鄂州	806.21	26	岳阳	2154.71	6	鹰潭	822.60	25
孝感	1762.35	13	益阳	1223.80	21	上饶	1099.67	23
咸宁	1349.62	20	常德	1736.50	14	新余	1588.14	15
襄阳	2921.78	4	娄底	1108.39	22	抚州	1486.95	17

续表

地区	金额	排序	地区	金额	排序	地区	金额	排序
宜昌	2921.38	5	衡阳	2125.93	7	宜春	1026.74	24
荆州	1853.89	11				吉安	2119.92	8
荆门	1404.58	18				萍乡	1026.74	24
仙桃	445.50	29						
潜江	435.52	30						
天门	373.41	31						

注：数据来源于相应年度的《中国城市统计年鉴》，仙桃、天门、潜江三个城市数据来源于当年的《国民经济和社会发展统计公报》。

四、社会消费品零售总额

社会消费品零售总额反映了一定时期内人们物资文化生活水平的提高情况，反映社会商品购买力的实现程度以及零售市场的规模状况，是衡量一座城市经济活力的重要指标。2015 年，湖北省有 5 座城市的社会消费品零售总额在长江中游城市群内位居前 10 位，其中武汉位居第 1 位，襄阳居第 4 位、宜昌位于第 5 位，荆州位于第 8 位、黄冈居第 10 位（见表 3 - 5）；湖南省有 5 座城市在长江中游城市群内位居前 10 位，长沙、岳阳、衡阳、常德分别位居第 2、6、7、9 位；江西省仅南昌市在长江中游城市群内位居前 10 位，居第 3 位。

总体而言，31 座城市的社会消费品零售总额稳步增长，2009 年 31 座城市社会消费品零售总额平均值为 358.46 亿元，2015 年增长至 861.16 亿元。

表 3 - 5　　　　各市社会消费品零售总额（2015 年）　　　单位：亿元

地区	金额	排序	地区	金额	排序	地区	金额	排序
武汉	5102.24	1	长沙	3690.59	2	南昌	1662.87	3
黄冈	880.91	10	株洲	839.66	11	九江	581.45	15
黄石	582.36	14	湘潭	520.60	19	景德镇	269.61	25
鄂州	261.95	27	岳阳	1020.64	6	鹰潭	172.57	31
孝感	797.14	12	益阳	573.95	16	上饶	640.42	13
咸宁	401.04	22	常德	945.49	9	新余	213.75	29
襄阳	1165.10	4	娄底	433.82	20	抚州	430.35	21
宜昌	1089.47	5	衡阳	989.10	7	宜春	530.66	18
荆州	946.14	8				吉安	398.47	23
荆门	541.43	17				萍乡	303.06	24
仙桃	266.17	26						
潜江	186.14	30						
天门	258.90	28						

注：数据来源于相应年度的《中国城市统计年鉴》，仙桃、天门、潜江三个城市数据来源于当年的《国民经济和社会发展统计公报》。

五、实际利用外商直接投资

2009～2015 年 3 个省会城市武汉市、长沙市、南昌市分别位居实际利用外商直接投资额的前 1、2、3 名。2015 年，湖北省只有武汉市实际利用外资金额进入前 10 名；湖南省有 5 座城市实际利用外资金额进入前 10 名；江西省有 4 座城市实际利用外资金额进入前 10 名（见表 3 - 6）。

总体而言，31 个城市实际利用外资金额呈增长趋势。2009年 31 个城市平均实际利用外商直接投资金额 39922.5 万美元，2015 年 31 个城市平均实际利用外商直接投资金额 87735 万美元。从变异系数来看，31 个城市实际利用外资金额差距呈缩小趋势。

表3-6　　各市实际利用外商直接投资金额（2015年） 单位：万美元

地区	金额	排序	地区	金额	排序	地区	金额	排序
武汉	734303	1	长沙	440574	2	南昌	270607	3
黄冈	10357	27	株洲	94175	6	九江	163019	4
黄石	12693	26	湘潭	92000	8	景德镇	17621	24
鄂州	24450	21	岳阳	36307	15	鹰潭	24011	22
孝感	34501	17	益阳	22132	23	上饶	94111	7
咸宁	6474	28	常德	74116	10	新余	36562	14
襄阳	72780	11	娄底	34501	17	抚州	39162	13
宜昌	35450	16	衡阳	103603	5	宜春	65440	12
荆州	13295	25				吉安	88322	9
荆门	34000	19				萍乡	30758	20
仙桃	4424	30						
潜江	5832	29						
天门	4208	31						

第二节

长江中游城市群的产业发展优势

一、产业发展的总体情况

2016年长江中游城市群产业结构比为10.56：54.33：35.1，到2016年时长江中游城市群产业结构比为9.61：47.07：41.58。各区段的产业结构比详见表3-7。

表 3－7　　　　2016 年各城市的产业比重与排名　　　单位：%

城市	省份	第二产业		第一产业		第三产业	
		比重	排名	比重	排名	比重	排名
鹰潭	江西省	58.18	1	7.59	24	34.23	24
宜昌	湖北省	57.23	2	10.75	20	32.02	31
景德镇	江西省	55.53	3	7.37	25	37.1	15
襄阳	湖北省	55.4	4	11.66	18	32.94	30
黄石	湖北省	55.26	5	8.74	21	36	18
萍乡	江西省	55	6	6.88	27	38.12	13
新余	江西省	54.92	7	5.73	28	39.34	9
鄂州	湖北省	54.47	8	12.18	16	33.34	29
株洲	湖南省	54.27	9	7.85	23	37.88	14
南昌	江西省	53	10	4.2	29	42.8	5
仙桃	湖北省	52.96	11	13.58	13	33.46	27
湘潭	湖南省	52.89	12	8.18	22	38.94	12
九江	江西省	51.95	13	7.28	26	40.77	8
荆门	湖北省	51.9	14	14	11	34.1	26
潜江	湖北省	51.52	15	11.99	17	36.49	17
宜春	江西省	50.9	16	14	11	35.1	22
天门	湖北省	50.8	17	15.8	8	33.4	28
抚州	江西省	48.83	18	16.27	6	34.9	23
吉安	江西省	48.51	19	15.96	7	35.53	20
长沙	湖南省	48.41	20	3.98	30	47.62	2
娄底	湖南省	48.31	21	14.72	10	36.98	16
孝感	湖北省	47.97	22	17.86	4	34.17	25
上饶	江西省	47.71	23	13	14	39.3	10
咸宁	湖北省	47.64	24	16.64	5	35.72	19
岳阳	湖南省	47.38	25	11.15	19	41.47	6
武汉	湖北省	43.88	26	3.28	31	52.84	1

续表

城市	省份	第二产业		第一产业		第三产业	
		比重	排名	比重	排名	比重	排名
常德	湖南省	42.78	27	12.97	15	44.25	3
荆州	湖北省	42.65	28	22.16	2	35.19	21
衡阳	湖南省	41.53	29	15.09	9	43.38	4
益阳	湖南省	40.46	30	18.64	3	40.89	7
黄冈	湖北省	37.89	31	22.9	1	39.21	11

资料来源：《中国区域经济统计年鉴》。

湖北段为 10.14：45.85：41.45。其中湖北段第一产业低于10%的分别为武汉、黄石，第二产业高于50%的城市有襄阳、宜昌、黄石、鄂州、仙桃、荆门、潜江、天门，服务业比重除武汉外均低于50%，武汉服务业比重为52.84%，其次为黄冈、潜江等地区。

湖南段为 9.27：45.74：43.44。其中湖南段第一产业低于10%的分别为长沙、株洲、湘潭；第二产业高于50%的城市有株洲、湘潭；服务业比重均低于50%，最高为长沙47.62%，其次为常德、衡阳、岳阳等地。

江西段为 9.17：51.48：38.90。其中江西段第一产业低于10%的分别为南昌、新余、萍乡、九江、景德镇、鹰潭；第二产业除抚州、吉安、上饶三个城市外，其他均高于50%；服务业除南昌、九江外，其余比重均低于40%，南昌服务业比重为42.8%，九江服务业比重为40.77%，其次为新余、上饶等地区。

总体来看，长江中游城市群仍然是以第二产业为主，比重超过50%，第三产业的比重大约在35%。

二、第一产业的发展

从 2016 年第一产业各市 GDP 总量分布上看，湖北省有 6 个城市的第一产业 GDP 分布位于 31 个城市的前 10 名（见表 3 - 8）。分别是襄阳市、宜昌市、黄冈市、武汉市、荆州市、孝感市，排名分别为第 1、第 3、第 4、第 5、第 7 和第 10 位。湖南省共 8 个城市，有 4 个城市的第一产业 GDP 分布位于 31 个城市的前 10 名。分别是衡阳市、常德、长沙、岳阳，排名分别为第 2、第 6、第 8 和第 9 名。江西没有一个城市的第一产业 GDP 排进前 10 名。

各城市第一产业 GDP 有序增长，平均规模从 2009 年的 118.09 亿元增长至 2012 年的 175.64 亿元再到 2016 年的 225 亿元。城市间的第一产业 GDP 规模差距逐步缩小，极值比从 2009 年的 8.39 极缩小至 2016 年的 8.16，但缩小的幅度并不大。但各城市的增长程度不一，年际排名排序略有变化。襄阳在 2009 年排第 5 名，2012 年跃升为第 1 名，2016 年仍为第 1 名。

表 3 - 8　　　　　　　　各市第一产业产值排序

地区	2016 年排序	地区	2016 年排序	地区	2016 年排序
武汉	5	长沙	8	南昌	20
黄冈	4	株洲	17	九江	21
黄石	23	湘潭	22	景德镇	29
鄂州	24	岳阳	9	鹰潭	31
孝感	10	益阳	11	上饶	13

续表

地区	2016 年排序	地区	2016 年排序	地区	2016 年排序
咸宁	19	常德	6	新余	30
襄阳	1	娄底	16	抚州	18
宜昌	3	衡阳	2	宜春	12
荆州	7			吉安	14
荆门	15			萍乡	28
仙桃	25				
潜江	27				
天门	26				

三、第二产业的发展

(一) 第二产业发展的总体情况

从 2016 年第二产业各市 GDP 总量分布上看，湖北省有 8 个城市的第二产业 GDP 分布位于 31 个城市的前 20 名（见表 3 - 9）。其中有 3 个城市位于前 10 名，分别是武汉、宜昌市和襄阳市，排名分别为第 1 、第 4 和第 5 位。湖南省共 8 个城市，有 7 个城市的第二产业 GDP 分布位于 31 个城市的前 20 名。其中有 5 个城市位于前 10 名，分别是长沙市、岳阳、株洲、常德和衡阳，排名分别为第 2、第 6、第 7、第 8 和第 9 位。江西有 5 个城市的第二产业 GDP 分布位于 31 个城市的前 20 名，其中仅有南昌和九江的第二产业 GDP 排进前 10 名。

表 3－9 各市第二产业产值排序

地区	2016 年排序	地区	2016 年排序	地区	2016 年排序
武汉	1	长沙	2	南昌	3
黄冈	20	株洲	7	九江	10
黄石	17	湘潭	11	景德镇	26
鄂州	27	岳阳	6	鹰潭	28
孝感	15	益阳	21	上饶	13
咸宁	25	常德	8	新余	23
襄阳	5	娄底	19	抚州	22
宜昌	4	衡阳	9	宜春	12
荆州	16			吉安	18
荆门	14			萍乡	24
仙桃	29				
潜江	30				
天门	31				

各城市第二产业 GDP 有序增长，平均规模从 2009 年的 454.89 亿元增长至 2012 年的 870.19 亿元再增加到 2016 年的 1142.16 元。城市间的第二产业 GDP 规模差距逐步缩小，极值比从 2009 年的 25.03 极缩小至 2016 年的 21.62，变异系数从 1.02 缩小至 0.99。极值比与变异系数均表明的城市间第二产业 GDP 规模差距缩小的趋势。

（二）工业的发展

从 2016 年工业各市 GDP 总量分布上看，湖北省有 7 个城市的工业 GDP 分布位于 31 个城市的前 20 名（见表 3－10）。其中有 3 个城市位于前 10 名，分别是武汉、宜昌市和襄阳，排名分别为第 1、第 3 和第 4 名。湖南省共 8 个城市，8 个城市工业 GDP 分布位于 31 个城市的前 20 名。其中有 6 个城市位于前 10 名分别是长沙市、岳阳、株洲、常德、衡阳和湘潭，排名分别为第 2、第 6、第 7、第 8、第 9 和第 10 名。江西有 5 个城市的工业 GDP 分布位于 31 个城市的前 20 名，其中仅有南昌的工业 GDP 排进前 10 名，位列第 5 名。

表 3 - 10 各市工业产值排序

地区	2016 年排序	地区	2016 年排序	地区	2016 年排序
武汉	1	长沙	2	南昌	5
黄冈	21	株洲	7	九江	11
黄石	17	湘潭	10	景德镇	26
鄂州	27	岳阳	6	鹰潭	28
孝感	15	益阳	19	上饶	14
咸宁	23	常德	8	新余	24
襄阳	4	娄底	18	抚州	25
宜昌	3	衡阳	9	宜春	13
荆州	16			吉安	20
荆门	12			萍乡	22
仙桃	29				
潜江	30				
天门	31				

各城市工业 GDP 有序增长，平均规模从 2009 年的 389.13 亿元增长至 2012 年的 757.93 亿元再增加到 2016 年的 996.63 亿元。城市间的工业 GDP 规模差距逐步缩小，极值比从 2009 年的 23.02 缩小至 2015 年的 19.46。

（三）建筑业的发展

从 2016 年建筑业各市 GDP 总量分布上看，湖北省有 6 个城市的工业 GDP 分布位于 31 个城市的前 20 名（见表 3 - 11）。其中有 3 个城市位于前 10 名，分别是武汉、宜昌和襄阳市，排名分别为第 1、第 4 和第 5 位。湖南省共 8 个城市，有 7 个城市的工业 GDP 分布位于 31 个城市的前 20 名。其中有 3 个城市位于前 10 名分别是长沙市、株洲和衡阳，排名分别为第 2、第 7 和第 8 位。江西有 7 个城市的建筑业 GDP 分布位于 31 个城市的前 20 名，其中有 3 个城市位于前 10 名，分别是南昌、九江和上饶市，排名分别为第 3、第 6 和第 9 位。

表 3 - 11　　　　　　　　各市建筑业产值排序

地区	2016 年排序	地区	2016 年排序	地区	2016 年排序
武汉	1	长沙	2	南昌	3
黄冈	11	株洲	7	九江	6
黄石	18	湘潭	16	景德镇	23
鄂州	27	岳阳	10	鹰潭	28
孝感	17	益阳	22	上饶	9
咸宁	25	常德	12	新余	20
襄阳	5	娄底	19	抚州	14
宜昌	4	衡阳	8	宜春	15
荆州	21			吉安	13
荆门	26			萍乡	24

地区	2016 年排序	地区	2016 年排序	地区	2016 年排序
仙桃	29				
潜江	31				
天门	30				

各城市建筑业 GDP 有序增长，在 2015 年总规模达到 5067.637 亿元，31 个城市的平均规模为 163.47 亿元。近年来，城市间的建筑业 GDP 规模差距逐渐扩大，极值比从 2009 年的 162.75 缩小至 2016 年的 295.89。但各城市的增长程度不一，年际排名排序略有变化。变化比较明显有淮南、蚌埠、潜江、荆门等城市。

四、第三产业的发展

从 2016 年第三产业各市 GDP 总量分布上看，湖北省有 7 个城市的第三产业 GDP 分布位于 31 个城市的前 20 名（见表 3 – 12）。其中有 3 个城市位于前 10 名，分别是武汉、襄阳和宜昌市，排名分别为第 1、第 7 和第 8 位。湖南省共 8 个城市，8 个城市的第三产业 GDP 分布都位于 31 个城市的前 20 名。其中有 5 个城市位于前 10 名分别是长沙市、常德、岳阳、衡阳和株洲，排名分别为第 2、第 4、第 5、第 6 和第 9 位。江西有 5 个城市的第三产业 GDP 分布位于 31 个城市的前 20 名，其中仅有南昌和九江的第二产业 GDP 排进前 10 名，位列第 3 和第 10 位。

各城市第三产业 GDP 有序增长，平均规模从 2009 年的

355.10 亿元增长至 2016 年的 973 亿元。城市间的第三产业 GDP 规模差距逐步缩小，极值比从 2009 年的 43.68 缩小至 2016 年的 39.59。变异系数稳定在 1.30 左右。极值比与变异系数均表明的城市间第三产业 GDP 规模差距缩小的趋势。

表 3-12　　　　　　　各市第三产业产值排序

地区	2016 年排序	地区	2016 年排序	地区	2016 年排序
武汉	1	长沙	2	南昌	3
黄冈	13	株洲	9	九江	10
黄石	21	湘潭	11	景德镇	26
鄂州	27	岳阳	5	鹰潭	28
孝感	17	益阳	16	上饶	12
咸宁	24	常德	4	新余	23
襄阳	7	娄底	20	抚州	22
宜昌	8	衡阳	6	宜春	14
荆州	15			吉安	18
荆门	19			萍乡	25
仙桃	30				
潜江	29				
天门	31				

第四章

长江中游城市群的
企业发展比较

第一节

上市公司分布基本情况

一、上市公司的业务分布

依据证监会《上市公司行业分类指引行》原则，结合本项目实际分析的操作的方便性，将上市公司划分为服务业等24类。由于上市公司业务类型通常不唯一，在分析中，将上市公司业务类型按行业划分能更有效分析出长江中游城市群的结构特征。上市公司业务类型按行业划分，结果见表4-1：

表4-1   上市公司业务类型行业归类

所属行业	上市公司业务项数	所属行业	上市公司业务项数
服务业	63	汽车	14
装备制造	63	非金属矿物制品	13
化学化工	50	光学光电	11
医药医疗设备	44	煤及煤化工	7
农林产品及加工	43	纺织	5
文化传媒	34	水相关产业	5
房地产及相关	32	电器	4
基建建筑	28	电子器件制造	4
通信及相关设备	26	航天工业	3
交通运输	25	造纸	2
金属制造业	25	装饰园林	2
电力及相关	14	矿业	1

二、各市上市公司数量分布

依据同花顺软件数据，将上市公司以地域各省板块上市公司材料栏办公地址所在地计入相应的市。各省上市公司总数如下图。上市公司湖北省最多，有73家。

根据办公地的原则，各市上市公司数量分布见图4-1：

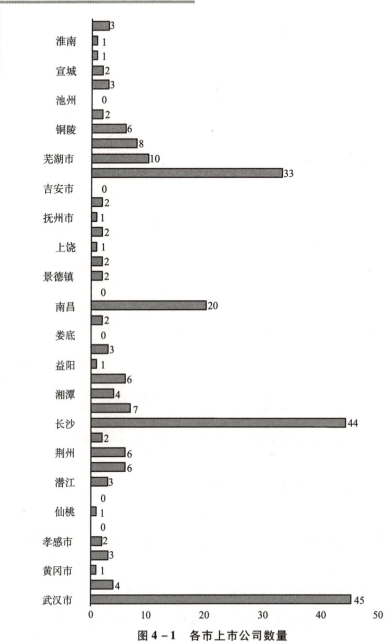

图 4 - 1　各市上市公司数量

第二节

三省上市公司的比较分析

一、三省上市公司按业务类型比较分析

三省按经营收入总额来看，至 2013 年 6 月湖北省营业收入总额为 1977.7152 亿元，总营业成本为 1674.7042 亿元，总营业利润为 303.0108 亿元，综合毛利率为 15.32%。湖南省总营业收入为 1385.0323 亿元，总营业成本为 1104.0968 亿元，总营业利润为 280.9355 亿元，综合毛利率为 20.28%。江西省总营业收入为 1628.0405 亿元，总营业成本为 1488.5568 亿元，总营业利润为 139.4838 亿元，综合毛利率为 8.57%（见图 4 - 2 ~ 图 4 - 7）。

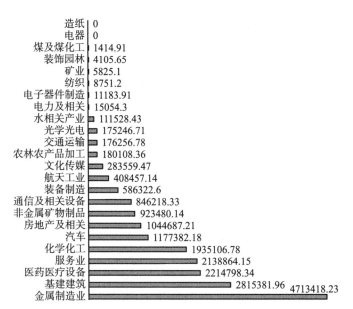

图 4 - 2　湖北省按业务分类经营收入排序（单位：万元）

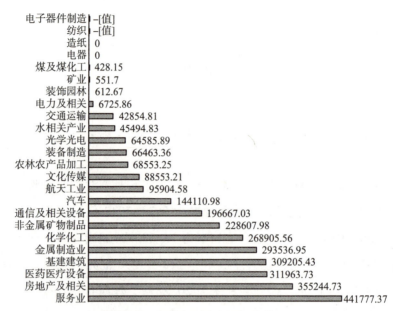

图 4 - 3　湖北省按业务分类营业利润排序（单位：万元）

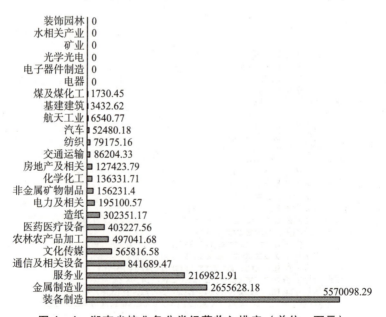

图 4 - 4　湖南省按业务分类经营收入排序（单位：万元）

业务分类	数值
煤及煤化工	-[值]
装饰园林	0
水相关产业	0
矿业	0
光学光电	0
电子器件制造	0
电器	0
基建建筑	175.4
航天工业	2767.97
化学化工	14180.44
汽车	14275.77
纺织	28994.52
电力及相关	29714.58
造纸	33945.67
房地产及相关	41130.69
非金属矿物制品	42013.01
交通运输	49587.03
农林农产品加工	111633.69
金属制造业	151571.75
文化传媒	162265.64
通信及相关设备	171797.11
医药医疗设备	186500.53
服务业	246038.52
装备制造	1524692.45

图 4 - 5　湖南省按业务分类营业利润排序（单位：万元）

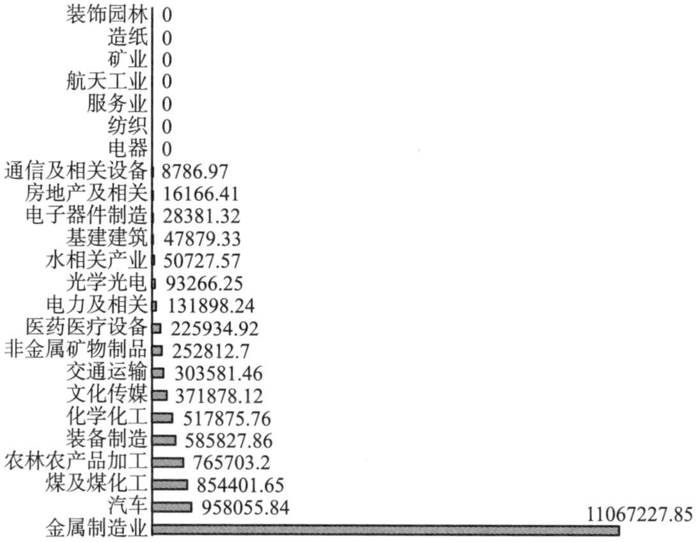

业务分类	数值
装饰园林	0
造纸	0
矿业	0
航天工业	0
服务业	0
纺织	0
电器	0
通信及相关设备	8786.97
房地产及相关	16166.41
电子器件制造	28381.32
基建建筑	47879.33
水相关产业	50727.57
光学光电	93266.25
电力及相关	131898.24
医药医疗设备	225934.92
非金属矿物制品	252812.7
交通运输	303581.46
文化传媒	371878.12
化学化工	517875.76
装备制造	585827.86
农林农产品加工	765703.2
煤及煤化工	854401.65
汽车	958055.84
金属制造业	11067227.85

图 4 - 6　江西省按业务分类经营收入排序（单位：万元）

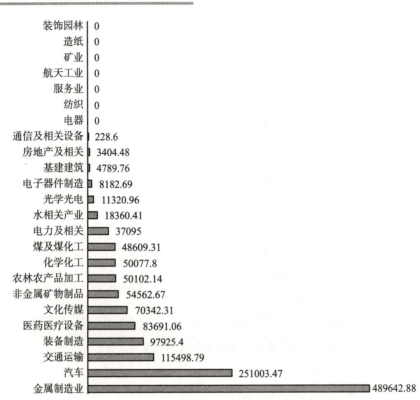

图 4-7 江西省按业务分类营业利润排序（单位：万元）

二、各产业分析

（一）服务业

从服务业分布看，江西省无此类业务。长江中游城市群中，湖北省上市公司此类业务经营总收入为 2138864 万元，经营成本为 1697087 万元，经营利润为 441777.3 万元。

湖南省上市公司此类业务经营总收入为 2161581 万元，经营成本为 1923783 万元，经营利润为 237798 万元（见图 4-8）。

综合成本收益及规模可发现，湖北省上市公司服务业质量优于湖南（见图4-9）。

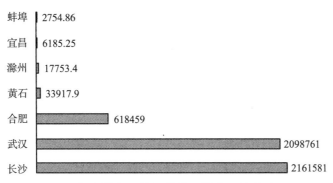

图4-8　各市服务业按经营收入排序（单位：万元）

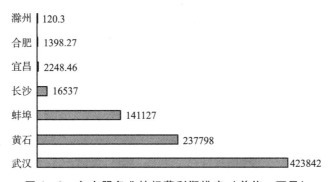

图4-9　各市服务业按经营利润排序（单位：万元）

（二）房地产及相关

从房地产及相关业务分布看，长江中游城市群中，湖北省上市公司此类业务经营总收入为1044676万元，经营成本为689442.5万元，经营利润为355233.42万元。

湖南省上市公司此类业务经营总收入为127423.59万元，经营成本为86293.1万元，经营利润为41130.49万元。

江西省上市公司此类业务经营总收入为 16166.4 万元，经营成本为 12761.9 万元，经营利润为 3404.5 万元（见图 4 - 10、图 4 - 11）。

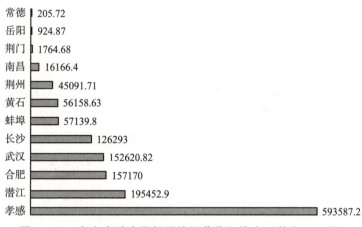

图 4 - 10　各市房地产及相关按经营收入排序（单位：万元）

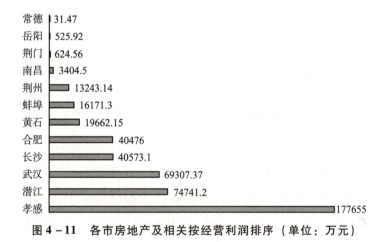

图 4 - 11　各市房地产及相关按经营利润排序（单位：万元）

综合成本收益及规模可发现，湖北省上市公司房地产及相关业务经营规模远大于其他省份。

（三）医药医疗设备

从医药医疗设备业务分布看，长江中游城市群中，湖北省上市公司此类业务经营总收入为 2214798.56 万元，经营成本为 1902834.97 万元，经营利润为 311963.59 万元。

湖南省上市公司此类业务经营总收入为 403227.43 万元，经营成本为 216727.48 万元，经营利润为 186499.95 万元。

江西省上市公司此类业务经营总收入为 225934.5 万元，经营成本为 142243.45 万元，经营利润为 83691.05 万元。

综合成本收益及规模可发现，湖北省上市公司医药医疗设备业务仅规模大，但效益低于其他各省。

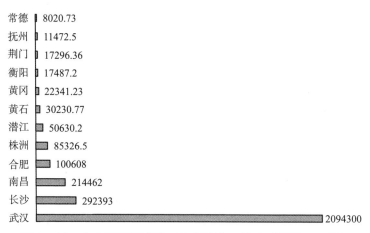

图 4-12 各市医药医疗设备按经营收入排序（单位：万元）

（四）化学化工

从化学化工业务分布看，长江中游城市群中，湖北省上市公司此类业务经营总收入为 1935106.73 万元，经营成本为 1666201.05 万元，经营利润为 268905.68 万元。

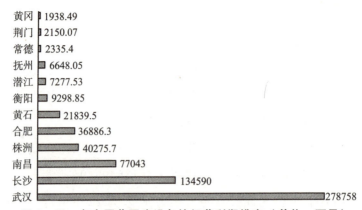

图4-13 各市医药医疗设备按经营利润排序（单位：万元）

湖南省上市公司此类业务经营总收入为136331.79万元，经营成本为122151.27万元，经营利润为14180.52万元。

江西省上市公司此类业务经营总收入为517875万元，经营成本为467798万元，经营利润为50077万元。

综合成本收益及规模可发现，湖北省上市公司化学化工业务仅规模大，但效益低于其他各省。

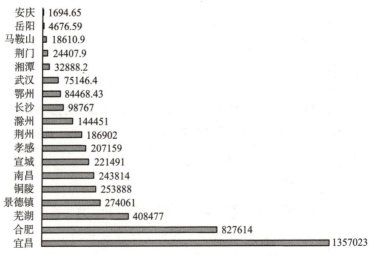

图4-14 各市化学化工按经营收入排序（单位：万元）

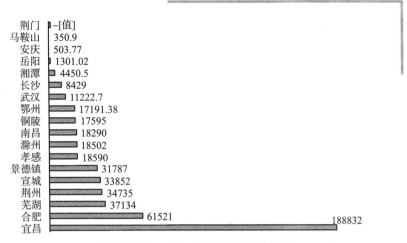

图 4 - 15 各市化学化工按经营利润排序（单位：万元）

（五）通信及相关设备

从通信及相关设备业务分布看，长江中游城市群中，湖北省上市公司此类业务经营总收入为 1158438.3 万元，经营成本为 870729.3 万元，经营利润为 287709 万元。

湖南省上市公司此类业务经营总收入为 529470 万元，经营成本为 448714 万元，经营利润为 80756 万元（见图 4 - 16、图 4 - 17）。

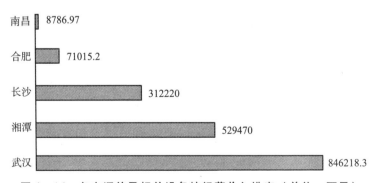

图 4 - 16 各市通信及相关设备按经营收入排序（单位：万元）

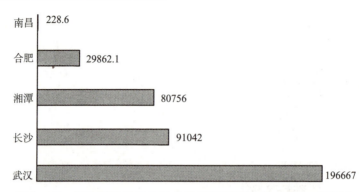

图 4-17　各市通信及相关设备按经营利润排序（单位：万元）

江西省上市公司此类业务经营总收入为 8786.97 万元，经营成本为 8558.37 万元，经营利润为 228.6 万元。

综合成本收益及规模可发现，湖北省上市公司通信及相关设备业务规模最大，利润率高于江西、湖南。

（六）装备制造

从装备制造业务分布看，长江中游城市群中，湖北省上市公司此类业务经营总收入为 586322.63 万元，经营成本为 519859.27 万元，经营利润为 66463.36 万元。

湖南省上市公司此类业务经营总收入为 5570098.93 万元，经营成本为 4045406.71 万元，经营利润为 1524692.22 万元。

江西省上市公司此类业务经营总收入为 503465.1 万元，经营成本为 426475.5 万元，经营利润为 76989.6 万元。

综合成本收益及规模可发现，湖北省上市公司装备制造业务规模较小，利润率最低。

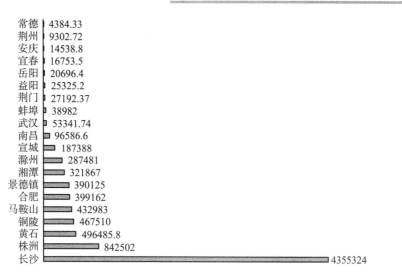

常德 4384.33
荆州 9302.72
安庆 14538.8
宜春 16753.5
岳阳 20696.4
益阳 25325.2
荆门 27192.37
蚌埠 38982
武汉 53341.74
南昌 96586.6
宣城 187388
滁州 287481
湘潭 321867
景德镇 390125
合肥 399162
马鞍山 432983
铜陵 467510
黄石 496485.8
株洲 842502
长沙 4355324

图 4-18　各市装备制造按经营收入排序（单位：万元）

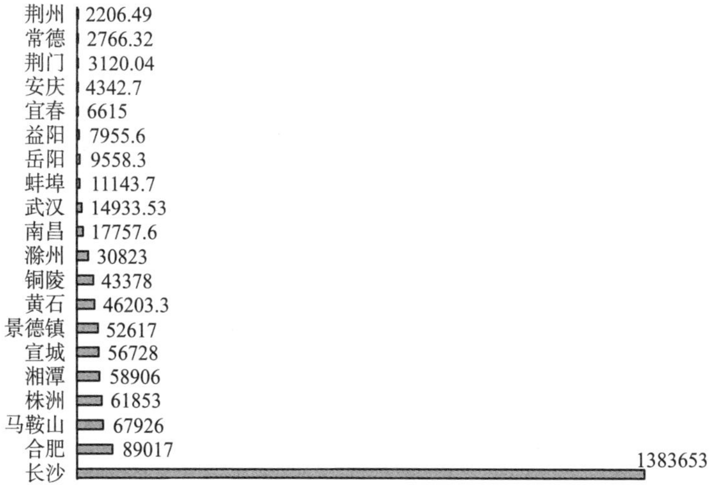

荆州 2206.49
常德 2766.32
荆门 3120.04
安庆 4342.7
宜春 6615
益阳 7955.6
岳阳 9558.3
蚌埠 11143.7
武汉 14933.53
南昌 17757.6
滁州 30823
铜陵 43378
黄石 46203.3
景德镇 52617
宣城 56728
湘潭 58906
株洲 61853
马鞍山 67926
合肥 89017
长沙 1383653

图 4-19　各市装备制造按经营利润排序（单位：万元）

（七）基建建筑

从基建建筑业务分布看，长江中游城市群中，湖北省上市公司此类业务经营总收入为2815382.2万元，经营成本为2506176.63万元，经营利润为309205.57万元。

　　湖南省上市公司此类业务经营总收入为3432.62万元，经营成本为3257.22万元，经营利润为175.4万元。

　　江西省上市公司此类业务经营总收入为47879.35万元，经营成本为43089.6万元，经营利润为4789.75万元。

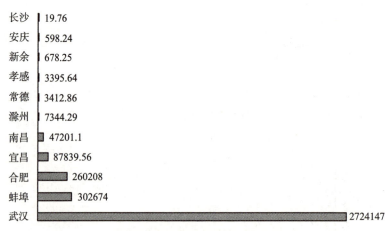

图 4 – 20　各市基建建筑按经营收入排序单位：万元

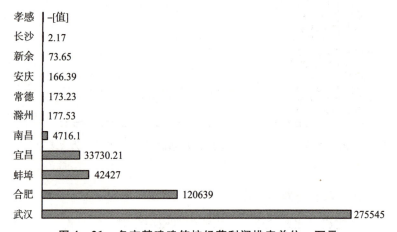

图 4 – 21　各市基建建筑按经营利润排序单位：万元

综合成本收益及规模可发现，湖北省上市公司基建建筑业务规模极大，利润率11%，位于四省第二位。

（八）文化传媒

从文化传媒业务分布看，长江中游城市群中，湖北省上市公司此类业务经营总收入为283559.5万元，经营成本为195006.3万元，经营利润为88553.2万元（见图4-22、图4-23）。

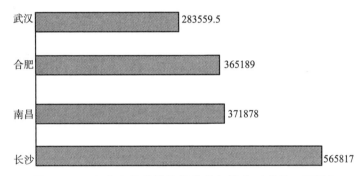

图4-22　各市文化传媒按经营收入排序（单位：万元）

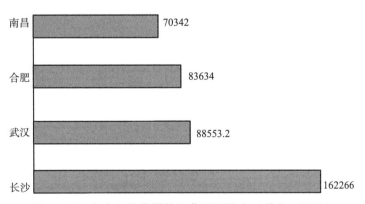

图4-23　各市文化传媒按经营利润排序（单位：万元）

湖南省上市公司此类业务经营总收入为 565817 万元，经营成本为 403551 万元，经营利润为 162266 万元。

江西省上市公司此类业务经营总收入为 371878 万元，经营成本为 301536 万元，经营利润为 70342 万元。

综合成本收益及规模可发现，湖北省上市公司文化传媒业务规模在四省中最小，但利润率最高，31.2%。

（九）农林产品及加工

从农林产品及加工业务分布看，长江中游城市群中，湖北省上市公司此类业务经营总收入为 180108.36 万元，经营成本为 111555.11 万元，经营利润为 68553.25 万元。

湖南省上市公司此类业务经营总收入为 497041.9 万元，经营成本为 385407.7 万元，经营利润为 111634.2 万元。

图 4-24　各市农林产品及加工按经营收入排序（单位：万元）

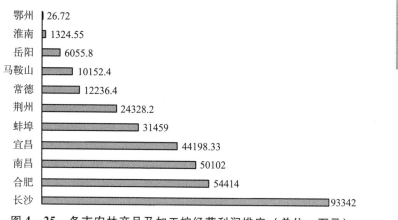

图 4 - 25 各市农林产品及加工按经营利润排序（单位：万元）

江西省上市公司此类业务经营总收入为 765703 万元，经营成本为 715601 万元，经营利润为 50102 万元。

综合成本收益及规模可发现，湖北省上市公司农林产品及加工业务规模在四省中最小，但利润率最高，38.1%。

（十）汽车

从汽车业务分布看，长江中游城市群中，湖北省上市公司此类业务经营总收入为 1177382.17 万元，经营成本为 1033271.27 万元，经营利润为 144110.9 万元。

湖南省上市公司此类业务经营总收入为 52480.18 万元，经营成本为 38204.45 万元，经营利润为 14275.73 万元。

江西省上市公司此类业务经营总收入为 958056 万元，经营成本为 707052 万元，经营利润为 251004 万元。

综合成本收益及规模可发现，湖北省上市公司汽车业务规模排第二，利润率最低，12.2%。

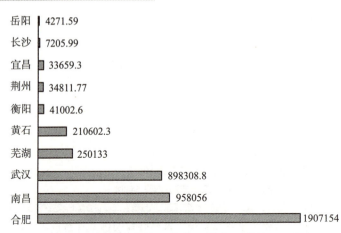

图 4 - 26　各市汽车按经营收入排序（单位：万元）

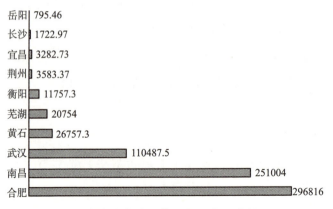

图 4 - 27　各市汽车按经营利润排序（单位：万元）

（十一）非金属矿物制品

从非金属矿物制品业务分布看，长江中游城市群中，湖北省上市公司此类业务经营总收入为 923480.12 万元，经营成本为 694872.16 万元，经营利润为 228607.96 万元。

湖南省上市公司此类业务经营总收入为 156231 万元，经营成本为 114218 万元，经营利润为 42013 万元。

江西省上市公司此类业务经营总收入为252813万元，经营成本为198250万元，经营利润为54563万元。

综合成本收益及规模可发现，湖北省上市公司非金属矿物制品业务规模排第2，利润率第3，24.8%。

（十二）交通运输

从交通运输业务分布看，长江中游城市群中，湖北省上市公司此类业务经营总收入为176256.74万元，经营成本为133401.98万元，经营利润为42854.76万元。

湖南省上市公司此类业务经营总收入为86204.32万元，经营成本为36617.33万元，经营利润为49586.99万元。

江西省上市公司此类业务经营总收入为303581.76万元，经营成本为188082.57万元，经营利润为115499.19万元。

综合成本收益及规模可发现，湖北省上市公司交通运输业务规模排第3，利润率第3，24.8%。

（十三）光学光电

从光学光电业务分布看，长江中游城市群中，湖北省上市公司此类业务经营总收入为175246.68万元，经营成本为110660.81万元，经营利润为64585.87万元。

江西省上市公司此类业务经营总收入为93266.2万元，经营成本为81945.3万元，经营利润为11320.9万元。

综合成本收益及规模可发现，湖北省上市公司光学光电业务规模第1，利润率第1，36.9%。

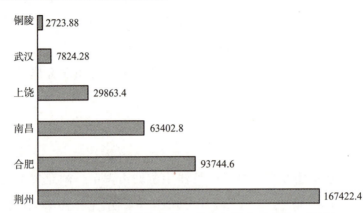

图 4 - 28　各市光学光电按经营收入排序（单位：万元）

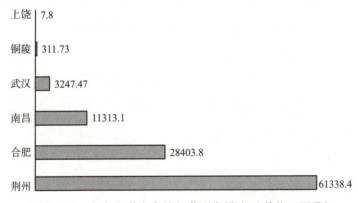

图 4 - 29　各市光学光电按经营利润排序（单位：万元）

（十四）金属制造业

从金属制造业务分布看，长江中游城市群中，湖北省上市公司此类业务经营总收入为 4713418.2 万元，经营成本为 4419880.8 万元，经营利润为 293537.4 万元。

湖南省上市公司此类业务经营总收入为 2655628 万元，经营成本为 2504056 万元，经营利润为 151572 万元（见图 4 - 30、图 4 - 31）。

江西省上市公司此类业务经营总收入为 11067228 万元，经营成本为 10577585 万元，经营利润为 489643 万元。

综合成本收益及规模可发现，湖北省上市公司金属制造业务规模排第 3，利润率第 1，6.2% 。

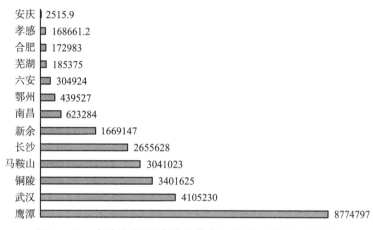

图 4-30　各市金属制造按经营收入排序（单位：万元）

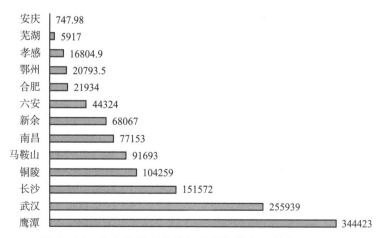

图 4-31　各市金属制造按经营利润排序（单位：万元）

（十五）水相关产业

从水相关产业业务分布看，长江中游城市群中，湖北省上市公司此类业务经营总收入为111528.43万元，经营成本为66033.6万元，经营利润为45494.83万元。

江西省上市公司此类业务经营总收入为50727.6万元（见图4-32），经营成本为32367.2万元，经营利润为18360.4万元（见图4-33）。

综合成本收益及规模可发现，湖北省上市公司水相关产业业务规模大，利润率高。

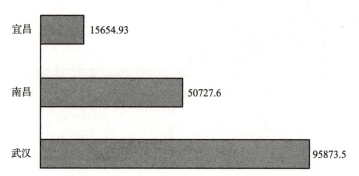

图4-32　各市水相关产业按经营收入排序（单位：万元）

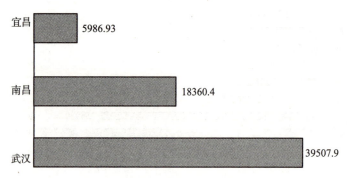

图4-33　各市水相关产业按经营利润排序（单位：万元）

（十六）电力及相关

从电力及相关业务分布看，长江中游城市群中，湖北省上市公司此类业务经营总收入为 15054.3 万元，经营成本为 8328.44 万元，经营利润为 6725.86 万元。

湖南省上市公司此类业务经营总收入为 195101 万元，经营成本为 165386 万元，经营利润为 29715 万元。

江西省上市公司此类业务经营总收入为 131898 万元，经营成本为 94803.2 万元，经营利润为 37094.8 万元。

综合成本收益及规模可发现，湖北省上市公司电力及相关业务规模最小，利润率第 1，44.7%。

（十七）纺织

从纺织业务分布看，长江中游城市群中，湖北省上市公司此类业务经营总收入为 8751.2 万元，经营成本为 8800.41 万元，经营利润为 -49.21 万元。

湖南省上市公司此类业务经营总收入为 79175.2 万元（见图 4-34），经营成本为 50180.6 万元，经营利润为 28994.6 万元（见图 4-35）。

图 4-34　各市纺织按经营收入排序（单位：万元）

图 4-35　各市纺织按经营利润排序（单位：万元）

综合成本收益及规模可发现，湖北省上市公司纺织业务规模小，处于亏损状态。湖南省处于主导地位。

（十八）航天工业

从航天工业业务分布看，长江中游城市群中，湖北省上市公司此类业务经营总收入为 408457.1 万元，经营成本为 312552.6 万元，经营利润为 95904.5 万元。

湖南省上市公司此类业务经营总收入为 6540.77 万元，经营成本为 3772.8 万元，经营利润为 2767.97 万元。

综合成本收益及规模可发现，湖北省上市公司航天工业业务规模处于主导地位，江西、安徽无此业务。

（十九）电子器件制造

从电子器件制造业务分布看，长江中游城市群中，湖北省上市公司此类业务经营总收入为 11183.91 万元（见图 4-36），经营成本为 11773.84 万元，经营利润为 -589.93 万元。

湖南省上市公司此类业务经营总收入为 28381.3 万元，经营成本为 20198.6 万元，经营利润为 8182.7 万元。

综合成本收益及规模可发现，湖北省上市公司电子器件制造业务规模小，处于亏损状态。

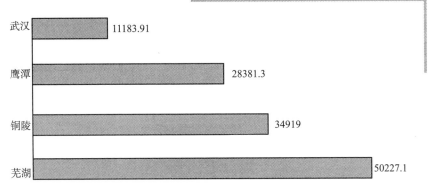

图 4 - 36 各市电子器件制造按经营收入排序（单位：万元）

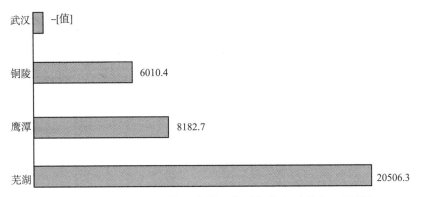

图 4 - 37 各市电子器件制造按经营利润排序（单位：万元）

（二十）矿业

矿业在本项目段仅湖北省武汉市一家企业（见表 4 - 2）。

表 4 - 2 长江中游城市群矿业经营情况

名称	业务名称	营业收入（万元）	收入比例	营业成本（万元）	成本比例	利润比例	毛利率
道博股份600136	磷矿石贸易	5825.1	66.45%	5273.4	74.33%	33.00%	9.47%
合计	武汉	5825.1		5273.4			9.47%

（二十一）煤及煤化工

从煤及煤化工业务分布看，长江中游城市群中，湖北省上市公司此类业务经营总收入为1414.91万元，经营成本为986.76万元，经营利润为428.15万元。

湖南省上市公司此类业务经营总收入为1730.45万元，经营成本为3656.92万元，经营利润为-1926.47万元。

江西省上市公司此类业务经营总收入为854402万元，经营成本为805792万元，经营利润为48610万元。

综合成本收益及规模可发现，湖北省上市公司煤及煤化工业务规模极小，可忽略。

（二十二）装饰园林

此类业务安徽省仅随带营业5.91万元，可忽略。主要是湖北省武汉市的万鸿集团，经营情况见表4-3。

表4-3　　　　　　长江中游城市群装饰园林经营情况

名称	业务名称	营业收入（万元）	收入比例	营业成本（万元）	成本比例	利润比例	毛利率	市
万鸿集团600681	装饰、园林工程收入	4105.65	100%	3492.98	100%	100%	14.92%	武汉
合肥百货000417	装饰工程	5.91	0	—	—	—	—	合肥

（二十三）造纸

从造纸业务分布看，长江中游城市群中，湖南省上市公司此类业务经营总收入为 302351.17 万元，经营成本为 268405.5 万元，经营利润为 33945.67 万元。综合成本收益及规模可发现，湖南省上市公司造纸业务规模处于主导地位，湖北、江西无此业务。

下　篇

长江中游城市群外贸的可持续发展

第五章

长江中游城市群外贸
发展的现状

第一节

长江中游城市群外贸发展的总体概况

一、总体外贸发展情况

中部崛起战略的实施加快了长江中游城市群的发展，2007～2013年国内生产总值年均增速达到18.68%，而2000～2006年为13.43%。我们从图5-1也可以看到，GDP曲线的上升幅度在2006年以后明显加快。与此同时，城市群的贸易规模也快速增长。进出口从2007年的461亿美元增加到了2013年的1284亿美元；其中，进口从227亿美元增加到466亿美元，出口从234亿美元增长到818亿美元。但与2006年之前相比，进口增长的速度明显降低，2000～2006年的年均增长率为27.08%，而2007～2013年只有12.76%。虽然出口增速在两个时间段内从20.13%

增加到了 23.14% ，但贸易总额的增速仍从 22.82% 减少到了 18.6% 。在金融危机的影响下，与全国外贸增速从 24.43% 下滑 到 11.4% 的局面相比，长江中游城市群外贸表现良好，但这同时 也说明了长江中游城市群对贸易的依存度要低于全国总体水平。 2013 年长江中游城市群进出口按年末汇率折算后与 GDP 的比值 约为 11.53% ，而同年全国为 44.58% 。

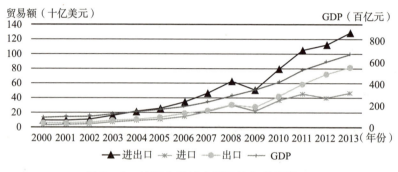

图 5 - 1　长江中游城市群经济与外贸情况

资料来源：2013 年数据来源各市统计公报，其他年度数据来源于中国区域统计年 鉴及各市统计年鉴。

表 5 - 1 比较了四大城市群的经济与外贸。表中，2007 年之 前长江中游城市群在全国 GDP 和贸易中的比重保持在 9% 和 2% 左右，而 2013 年两个比重分别跃升为 11.93% 和 3.09% 。由此 可见，近年来中部的发展成效显著。但表 5 - 1 也反映了长江中 游城市群发展中存在的两个问题：第一，外贸比重低于 GDP 比 重，而其他城市群则相反。这说明，长江中游城市群的外贸地 位与其 GDP 地位不匹配，贸易对地区经济的拉动相对较小；第 二，外贸比重远低于其他城市群。例如，2013 年长江三角洲在 全国外贸的比重为 29.82% ，高出长江中游城市群 27 个百分

点。因此，长江中游城市群的外贸规模小，在全国中的作用也远小于其他城市群。四大城市群在总体上占中国 GDP 的 48% 和外贸的 73%，这显示了城市群是促进全国经济发展的中坚力量。长江中游各城市应以城市群为依托，抱团发展，在经济和外贸上尽快缩小与其他城市群的差距，并最终成为中国经济增长的第四极。

表 5 - 1　　　四大城市群 GDP 和外贸占全国的比重　　　单位：%

区域	2000 年		2007 年		2013 年	
	GDP	外贸	GDP	外贸	GDP	外贸
长江中游城市群	9.51	2.14	9.14	2.12	11.93	3.09
长江三角洲	16.15	26.06	17.63	35.73	17.19	29.82
京津冀都市圈	8.33	14.69	9.43	13.15	9.88	14.52
珠江三角洲	7.59	18.49	9.63	28.03	9.33	25.17
总计	41.57	61.39	45.83	79.02	48.33	72.59

注：长江三角洲包括上海、江苏和浙江的 16 个城市，京津冀都市圈包括北京、天津和河北 8 市，珠江三角洲包括广东 9 市。

二、各区段的外贸发展情况

长江中游城市群各区段的贸易量增长迅速，2001～2013 年湖北、湖南、安徽和江西四个区段的年均增速分别为 20.05%、17.77%、22.27% 和 26.27%。就 2013 年来看，安徽段贸易总额最高，达到 436.4 亿美元；湖北段贸易额为 326 亿美元，但在 2007～2013 年年均增率最小，仅为 14.97%；江西段贸易额是 320 亿美元，其在 2007～2013 年增速也是最大的；湖南段贸易额只有安徽段的一半，为 200 亿美元。长江中游城市群集聚了四省大部分外贸活动，总计完成鄂、湘、皖、赣四省贸易额的89.19%。

各区段贸易量占其所在省份的比重较高，且除安徽外其他区段的比重均呈下降趋势。例如，湖北段在2001年占湖北省外贸的94.09%，在2008年之前一直保持在这个水平上，但此后逐年下降，2013年只有89.62%。这说明，长江中游城市群各区段对全省的外贸具有主导作用，同时在近年来也带动了本省其他地区的贸易发展。总体来说，各省的外贸仍集中在城市群，因此加强省内城市间产业合作、优化外贸布局是全省发展的重点（见表5-2）。

表5-2　　　　　　　长江中游城市群各区段贸易额

区域	2000年		2007年		2013年		2007~2013年年均增速（%）	2001~2013年年均增速（%）
	总额（十亿美元）	比重（%）	总额（十亿美元）	比重（%）	总额（十亿美元）	比重（%）		
湖北段	3.03	94.09	14.12	94.99	32.61	89.62	14.97	20.05
湖南段	2.39	95.19	8.52	87.92	20.05	79.69	15.34	17.77
安徽段	3.20	95.50	15.16	95.13	43.64	95.63	19.27	22.27
江西段	1.55	95.17	8.32	88.03	32.06	87.26	25.21	26.27
总计	10.17	94.95	46.11	92.35	128.36	89.19	18.60	21.54

注：比重指该区段贸易额占全省的比重。

三、各城市外贸发展状况

对长江中游城市群各城市的2013年外贸额进行比较后，可以从图 5－2 中看到：

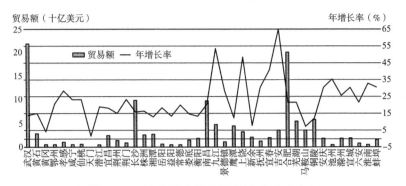

图 5－2　40 个城市的外贸发展（2013 年）

资料来源：各市统计公报，年增长率指 2007～2013 年年均增长率。

（一）省会城市的外贸规模最大

武汉、长沙、南昌和合肥的贸易总和约占整个城市群的一半。其中，武汉市最高，2013 年达到 217.5 亿美元；合肥与长沙次之，分别为 199 亿美元和 98.9 亿美元；南昌最低，为 97 亿美元。

从 2009～2012 年进出口总额上看，四个省会城市稳居进出口额的前 4 位，其中武汉稳居第 1 位。2012 年，湖北省只有武汉市、黄石市、宜昌市 3 座城市位于前 20 名，而湖南省有 5 座城市位于前 20 名，江西省有 7 座城市位于前 20 名。

2009～2012 年间各城市进出口规模稳步增长，平均进出口金额从 2009 年的 126802 万美元增长至 2012 年的 282061 万美元。城市间的进出口规模差距先上升后下降，尤其是 2012 年城市间进出口规模差距较 2011 年缩小（见表 5－3）。

表5-3 各市进出口总额排序

地区	2012年排序	地区	2012年排序	地区	2012年排序
武汉市	1	荆州	17	南昌	3
黄石市	11	荆门	21	九江	4
黄冈市	24	长沙	2	景德镇	16
鄂州市	25	株洲	10	鹰潭	5
孝感市	19	湘潭	12	上饶	7
咸宁	28	岳阳	23	新余市	8
仙桃	20	益阳	27	抚州市	18
天门	29	常德	22	宜春市	15
潜江	26	娄底	14	吉安市	6
宜昌	9	衡阳	13		

（二）外贸呈增长态势

江西各城市的外贸增速明显高于其他城市，其中吉安、九江和上饶在2007年之后的增速分别达到64.4%、53.6%和48.3%。安徽段的池州和淮南增长较快，但总量偏低；孝感的增速达到28.6%，高于湖北段的平均水平。湖南段各城市的贸易增率相近，大致在10%～20%。

（三）外贸发展不平衡

湖北段各城市外贸发展是最不平衡的，显示在图5-2中，武汉与其他城市的差距非常明显。用变异系数（标准差与平均值的比率）和极值比（最大值与最小值的比率）来衡量这种不均衡性，前者在2013年为2.2，后者为325.5。安徽段的两值分别是1.4和48.6，湖南段为1.2和20.5，江西段为0.7和8.7。由此可见，安徽和湖南段各城市的外贸活动也不够协调，而江西段各城市协调性强且发展迅速。

第二节

长江中游城市群分区域的外贸比较

一、外贸总量的比较分析

(一)湖北区域

自 2007 年以来,武汉外贸城市圈进出总额从 13.74 百亿美元迅速增长到 2012 年的 29.4 百亿美元,其中,武汉、黄石一直以来都是武汉城市群外贸发展的重点城市。相较之下,黄冈、仙桃、天门对外贸易发展较慢,与武汉、宜昌、黄石等城市有较大的差距。这显示出武汉城市群的发展的一个集中性特点,同时为武汉城市群提供了一个协调发展的方向和要求(见表 5 - 4)。

表 5 - 4　长江中游城市群湖北区域的城市外贸总额　单位:百亿美元

地区	2007 年	2009 年	2011 年	2012 年
总计	13.74	15.94	31.02	29.4
武汉	9.96	11.47	22.78	20.35
黄冈	0.41	0.47	0.34	0.42
黄石	1.21	1.14	2.20	2.07
鄂州	0.15	0.16	0.34	0.42
孝感	0.22	0.22	0.50	0.78
咸宁	0.10	0.12	0.29	0.29

续表

地区	2007 年	2009 年	2011 年	2012 年
宜昌	0.85	1.03	2.28	2.18
荆州	0.58	0.57	0.98	1.14
荆门	0.21	0.22	0.53	0.64
仙桃	—	0.28	0.33	0.65
潜江	—	0.16	0.36	0.35
天门	—	0.05	0.04	0.05

资料来源：根据《中国统计年鉴》相关数据整理得到。

（二）湖南区域

2012 年，长株潭城市群进出口总额为 18.14 亿美元，其中长沙 8.6 亿美元；湘潭 2.1 亿美元、株洲 2.2 亿美元、娄底 1.6 亿美元。结合其他城市对外进出口数据，我们可从图 5-3 中可以看出，长沙、湘潭、株洲、娄底城市进出口总额所占比例较大，出口总值较高且分布均匀。而常德、益阳、岳阳则比例较小，总额较低，分别为 0.6 亿美元、0.3 亿美元、0.5 亿美元。

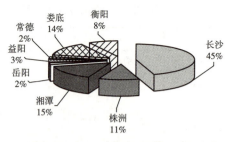

图 5-3　长江中游城市群湖南区域主要城市外贸比重

资料来源：根据《中国统计年鉴》相关数据整理得到。

（三）江西区域

2012 年江西环鄱阳湖经济圈进出口总额为 29 亿美元，其中南昌 8.2 亿美元、鹰潭 4.3 亿美元、九江 4.5 亿美元、新余 2.4 亿美元。我们也可以从图 5 - 4 中看出南昌、鹰潭、九江、新余所占比例较高，总额相对景德镇、抚州、宜春、萍乡等城市有较大的差距。着充分体现了江西发展规划，以南昌为核心，昌九为走廊的发展目标。

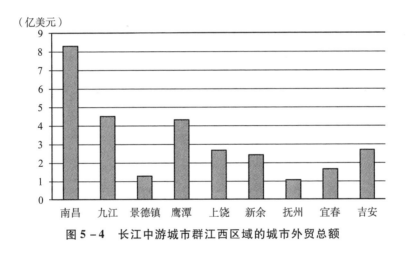

图 5 - 4　长江中游城市群江西区域的城市外贸总额

二、外贸增长速度的比较分析

从速度方面着手研究，我们可以清晰地看到各个城市的外贸发展潜力和未来发展趋势，这对城市的规划发展具有重要的意义。

（一）武汉城市群城市和长株潭城市群

武汉城市群与长株潭城市群虽然在进出口总量上相差较大，

但是在增长速度方面确实极为相似。

在湖北，本节挑选了武汉、黄石、荆州、黄冈、潜江。基于城市基础和政策、教育、科技、区位优势等各方面因素的影响，从图5-5中我们可以很明显地看出武汉增长速度居于首位，增长速度快，其次是黄石，而潜江、荆州等城市增长较缓慢。

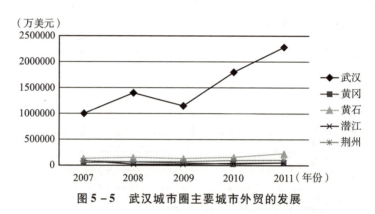

图 5 - 5　武汉城市圈主要城市外贸的发展

资料来源：根据《中国统计年鉴》相关数据整理得到。

在湖南，我们挑选了长沙、衡阳、岳阳、娄底和株洲这几个有代表意义的城市。2011年长沙贸易总值为74.8亿美元比2009年41.18亿美元增长近81.8%，娄底、株洲等城市也有较大的增长，但是依旧以省会城市长沙增长速度为主要推动型。

我们从图5-5和图5-6数据中不难发现，武汉城市群与长株潭城市群中武汉与长沙两城市虽然进出口总值上存在较大差异，但是速度增长形势却极度相似。从2008年到2009年下降之后都呈现出快速的回升。而长株潭城市群普遍显示为除省会城市有较大发展之外，周边城市也相应发展速度较快，这与武汉城市群的"一枝独秀"形成对比。

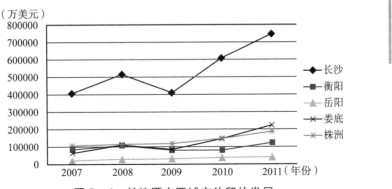

图 5－6　长株潭主要城市外贸的发展

资料来源：根据《中国统计年鉴》相关数据整理得到。

（二）环鄱阳湖经济圈和江淮城市群

江淮城市群与鄱阳湖城市群不但在进出口总量上有较大的差异，在进出口的增速方面差异也是较为明显的。

两个城市群自 2007 年以来都有大幅增长，尤其是在 2009 年以后普遍增长迅速。但是与鄱阳湖的平稳增长略有不同，江淮城市群在 2008 年有较大波动的明显增长，这与该时期的江淮城市群抓住机遇、勇于进行产业升级转型的决断分不开（见图 5－7 和图 5－8）。

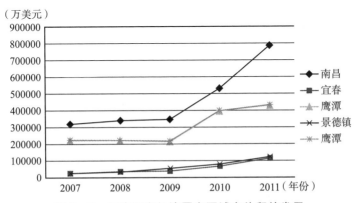

图 5－7　环鄱阳湖经济圈主要城市外贸的发展

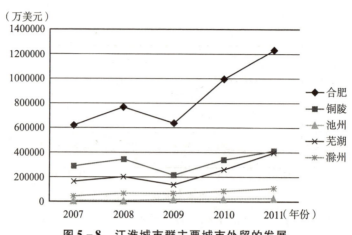

图5-8　江淮城市群主要城市外贸的发展

资料来源：根据《中国统计年鉴》相关数据整理得到。

第三节

长江中游城市群外贸发展的特征

一、外贸规模不断扩大

随着经济的不断发展，长江中游城市群外贸发展迅速。2012年长江中游城市群外贸达到11.2824百亿美元，是2007年的2.4倍，年均增长率达到48%；长江中游城市群外贸出口达到4.004百亿美元，是2007年的2倍，年均增长率达到40%。2007～2012年长江中游城市群的外贸详见图5-9：

由图5-9中可以看出，2007年以来，进出口有了较快的发展，尤其是出口增长较快，显示了长江中游城市群对外贸易的发展迅速以及强大的发展潜力。

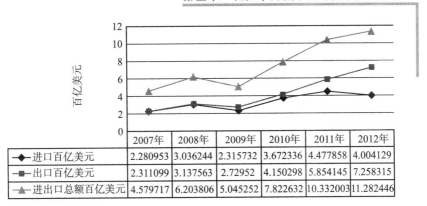

	2007年	2008年	2009年	2010年	2011年	2012年
进口百亿美元	2.280953	3.036244	2.315732	3.672336	4.477858	4.004129
出口百亿美元	2.311099	3.137563	2.72952	4.150298	5.854145	7.258315
进出口总额百亿美元	4.579717	6.203806	5.045252	7.822632	10.332003	11.282446

图 5 - 9　2007～2012 年长江中游城市群进出口基本情况

资料来源：根据《中国统计年鉴》相关数据整理得到。

二、城市群外贸额占全国比重低

虽然自 2009 年以来长江中游城市群的进出口总量有了较显著的提高，但是进出口总量占全国比重依然相对较低。就全国范围来看 2012 年长江中游城市群进出口总额 11.28 百亿美元，占全国的进出口总额的 2.92%。其中安徽段和湖北段相对湖南段、江西段稍高，分别为全国进出口总额的 0.94% 和 0.76%。这与长三角、珠三角、环渤海等城市群外贸发展程度有较大差距，长江中游城市群进出口总量较低，规模较小，对地区经济拉动不大，外贸依存度较低（见表 5 - 5）。

表 5 - 5　　长江中游城市群进出口总额及其占全国的比重

地区	2009 年		2010 年		2011 年		2012 年	
	总额（十亿美元）	比重（%）	总额（十亿美元）	比重（%）	总额（十亿美元）	比重（%）	总额（十亿美元）	比重（%）
湖北段	15.94	0.72	24.02	0.80	31.02	0.85	29.40	0.76
湖南段	9.06	0.41	12.97	0.43	16.56	0.45	18.14	0.46

续表

地区	2009 年		2010 年		2011 年		2012 年	
	总额（十亿美元）	比重（%）	总额（十亿美元）	比重（%）	总额（十亿美元）	比重（%）	总额（十亿美元）	比重（%）
安徽段	14.39	0.65	22.47	0.75	29.47	0.80	36.27	0.93
江西段	11.31	0.51	19.51	0.65	27.80	0.76	29.01	0.75

资料来源：根据《中国统计年鉴》相关数据整理得到。

三、城市群加工贸易的比重上升

近年，我国连续出台措施来优化出口商品结构，推进加工贸易转型升级。对"两高一低"商品加工贸易政策进行较大幅度的调整。使得在中部一般贸易快速增长的同时，中部地区的加工贸易进出口在全国的比重稳步上升。从海关新近发布的统计报告看，2013 年，鄂、湘、赣三省加工贸易累计进出口 201 亿美元，占全国进出口贸易总值 2.3%。其中，随着加工贸易向中、西部转移，机电产品出口份额上升，传统劳动密集型出口减少，加工贸易结构得到一定的优化。从表 5-6 也可以看出，各省一般贸易占出口的比重总体下降，其中以湖北省最为突出。湖北省一般贸易方式进出口比重从 2008 年占进出口贸易的 70.2% 下降为 2011 年的 56.5%。这意味着，越来越多的贸易以加工贸易方式进行，中部各省在承接东部加工贸易产业转移中的作用也越来越大。

表 5-6		一般贸易方式出口的比重		单位：%
省份	2008 年	2009 年	2010 年	2011 年
湖北省	0.7021	0.6062	0.5747	0.5655
湖南省	0.8984	0.8679	0.8271	0.8105
安徽省	0.7415	0.7416	0.7492	0.7262
江西省	0.6860	0.6724	0.5905	0.6212

资料来源：根据各省统计年鉴数据整理而得。

四、城市群的出口产品结构优化

在中部各省积极实行"科技兴贸"出口战略和长江中游城市群的进出口协调优化的促进下，机电品和高新技术等电子信息产业产品出口得到了较快的发展，出口产品结构逐步改善。2012 年湖北、湖南、江西、安徽四省电子信息产业相较 2008 年分别有了 27.62%、30.39%、20.31% 和 48.71% 的增长。

通信设备和计算机均有较快的增速，湖南省通信设备 2008～2012 年有了 130% 的增长，而江西在计算机行业从 2008 年的 1736.5 万美元增加到 2012 年的 11.62 万美元，将近 186% 的增长。与此同时，电子器件和电子材料方面却增长较慢，湖北、湖南、江西有明显的负增长。从这些数据我们不难看出，各省积极响应"科技兴贸"出口战略，在对外产品结构，特别是电子信息产业方面有了相当大的改善。与东部沿海各省差距进一步缩小，更加有利于产业的转移（见表 5-7）。

表 5 - 7 　　　　　　　　 电子信息产业出口统计 　　　　　　 单位：百万美元

		出口完成	通信设备	广播电视设备	计算机
湖北省	2008 年	1758.38	139.29	2.36	914.86
	2012 年	4664.89	323.11	2.91	3082.66
	增速%	27.62	23.41	5.37	35.49
湖南省	2008 年	580.82	17.34	3.41	52.84
	2012 年	1678.75	485.32	8.73	388.25
	增速%	30.39	130.00	26.46	64.64
江西省	2008 年	1763.52	42.43	38.77	17.36
	2012 年	3694.68	333.73	295.55	1162.46
	增速%	20.31	67.46	66.16	186.04
安徽省	2008 年	532.19	17.65	1.72	15.80
	2012 年	2602.42	25.67	16.12	99.19
	增速%	48.71	9.81	74.84	58.28
		家用电子电器	电子元件	电子器件	电子材料	电子仪器设备
湖北省	2008 年	74.96	299.78	213.49	56.60	57.01
	2012 年	315.76	447.56	400.98	29.23	62.65
	增速%	43.26	10.54	17.07	-15.23	2.39
湖南省	2008 年	68.98	134.01	106.50	167.30	30.41
	2012 年	134.60	226.51	58.67	247.72	128.91
	增速%	18.19	14.02	-13.85	10.31	43.49
江西省	2008 年	67.32	82.66	84.18	1370.38	60.38
	2012 年	368.64	334.02	770	329.10	101.16
	增速%	52.97	41.78	73.91	-30.00	13.77
安徽省	2008 年	147.27	172.76	99.22	3.29	74.45
	2012 年	1290.27	592.78	262.58	7.81	307.98
	增速%	72.05	36.10	27.54	24.12	42.61

资料来源：根据《中国电子信息产业统计年鉴》数据整理而得。

五、城市群集聚了四省大部分的外贸活动

作为各省市的重点扶持对象和未来发展方向，长江中游城市群在科技、文化、金融、进出口等各方面都有了较快的发展。尤其是在外贸发展领域，更是占据主导地位。2012 年长江中游城市群中湖北段进出口总额 2.94 百亿美元，占全省进出口的 91.98%；湖南段进出口占湖南省外贸比重为 82.65%；安徽段 2012 年进出口总额 3627326 万美元，对安徽省的进出口总额贡献度为 92.65%；江西段的进出口总额占江西省份额为 86.82%，其中进口占据 93.67%。四个城市群总计完成四省进出口的 89.11%。

表 5 - 8　　　　　　　2012 年各省段外贸占全省的比重

区域	进出口		进口		出口	
	总额（亿美元）	比重（%）	总额（亿美元）	比重（%）	总额（亿美元）	比重（%）
湖北段	294.00	91.98	121.81	96.95	170.18	87.73
湖南段	181.40	82.65	78.41	83.89	102.99	81.73
安徽段	362.73	92.33	121.77	97.14	240.95	90.08
江西段	290.10	86.82	78.40	94.46	211.69	84.30
总计	1128.24	89.11	400.41	93.67	725.831	86.55

资料来源：根据《中国统计年鉴》相关数据整理得到。

六、城市群的进出口活动主要来源于省会城市

在长江中游城市群发展过程中，随着对外贸易的发展，进出

口主要集中在省会城市，2011 年武汉的进出口总额占武汉城市群的 73.4%，是武汉城市群的进出口的最大支柱；长沙站长株潭城市群的 45.2%；合肥占江淮城市群的 41.8%；而南昌仅占环鄱阳城市群的 30%（见表 5-9）。

表 5-9 　　　　　　　各省会城市占城市群的比重　　　单位：十亿美元

年份	武汉城市圈	武汉（比重%）	长株潭城市群	长沙（比重%）	环鄱阳城市群	南昌（比重%）	江淮城市群	合肥（比重%）
2009	15.94	11.47 (71.9)	9.06	4.11 (45.4)	11.04	3.47 (31.5)	14.39	6.42 (44.7)
2010	23.94	18.05 (75.4)	12.97	6.08 (46.9)	18.84	5.30 (28.1)	22.47	9.95 (44.3)
2011	31.02	22.78 (73.4)	16.56	7.48 (45.2)	26.25	7.87 (30.0)	29.47	12.3 (41.8)

注：括号中数据为比重，数据根据各省统计年鉴数据整理而得。

第六章

长江中游城市群外贸
发展的竞争力

第一节

长江中游城市群的外贸竞争力

一、外贸竞争力指数介绍

(一) 贸易竞争力指数

贸易竞争力指数 (Trade competiveness index, TC), 表示某地区产业或贸易进出口差额占其贸易进出口总额的比重, 是对进出口贸易行业国际竞争力进行比较分析的一种有效工具。其基本公式为:

$$TC = (X_{ij} - M_{ij}) / (X_{ij} + M_{ij}) \qquad (6.1)$$

式中, X_{ij} 和 M_{ij} 表示 j 城市 i 产品的出口和进口。该指数介于 (-1, 1) 之间, 指数越接近于 -1 则表示竞争力薄弱; 指数趋于0表示竞争力接近于平均水平；指数越接近1则表示竞争力大，越接近于产业完全出口专业化。计算的结果见表3-1。

（二）显示性比较优势指数

显示性比较优势指数（Revealed Comparative Advantage Index，RCA）是美国经济学家巴拉萨（Balassa）于1965年提出，用来反映一国或地区某一产业比较优势的经济指标。这里从每个城市都是世界市场一部分的角度出发，用某产品的城市出口份额与世界份额之比来反映该城市与世界平均出口水平相比较的竞争优势。计算公式为：

$$RCA = (X_{ij} \div X_j)/(W_i \div W) \qquad (6.2)$$

式中，X_{ij}表示j城市i产品的出口，X_j表示j城市的出口总值，W_i表示世界i产品的出口贸易值；W表示世界贸易出口总值。

通常认为，当RCA≥2.5时，该市在i产品上具有极强的竞争优势；当1.25≤RCA<2.5时，说明该市i产业具有较强优势；当0.8≤RCA<1.25时，该市i产品有一定优势；当RCA<0.8时，说明该国在i产业上表现为国际竞争弱势。

贸易结构是在产业结构的基础上建立的，因此这里选取了城市出口额最高的20类产品来计算贸易竞争力指数和显示性优势指数，这既可以考察城市的出口竞争力，又可以透过它们反观城市的产业结构现状。40个城市的GDP与进出口数据引自各市统计公报和政府工作报告，其他年份的数据来源于《中国区域经济统计年鉴》及各市统计年鉴。产品（HS2编码）的出口数据来源于中国海关统计网。由于缺乏3个县级市仙桃、天门和潜江的产品贸易数据，因此显示性比较优势指数只包括了37个城市。

二、长江中游城市群贸易竞争力指数分析

根据公式（6.1）计算的 TC 指数见表 6 – 1。

表 6 – 1　　　　2013 年长江中游城市群贸易竞争力指数（TC 指数）

HS2	地区及竞争力指数
05	六安（－0.7065）
08	芜湖（－0.6815）
09	宣城（0.4414）；上饶（－0.6875）
12	池州（－0.9650）
20	黄冈（－0.6152）
25	安庆（－0.7244）；新余（－0.7109）
27	安庆（－0.2532）；荆门（－0.8439）
28	荆州（－0.4555）；孝感（－0.5163）；常德（－0.2464）；九江（0.6299）；湘潭（－0.3551）；上饶（0.7594）；新余（－0.5152）；咸宁（－0.5618）；长沙（0.2609）
29	岳阳（－0.0551）；宣城（－0.1109）；合肥（0.9817）；益阳（－0.1825）；九江（－0.6572）；安庆（－0.2006）；滁州（0.3621）；马鞍山（－0.2436）；常德（0.9275）；淮南（0.5010）；池州（0.6254）；湘潭（0.6992）；鹰潭（0.8402）；武汉（－0.9684）；景德镇（0.0697）；鄂州（0.7704）；宜春（0.6767）；荆州（0.7367）；荆门（0.3681）；黄冈（0.9327）；蚌埠（0.9155）；宜昌（0.7558）；铜陵（－0.0372）
30	淮南（－0.1625）；荆州（0.3337）
32	铜陵（0.5235）；武汉（0.7137）
33	合肥（0.8572）
34	铜陵（0.4220）；合肥（0.9491）
35	淮南（0.9513）；益阳（－0.6407）

HS2	地区及竞争力指数
38	景德镇（0.1219）；宣城（0.4529）；九江（0.9386）；新余（0.5266）；长沙（0.9273）；荆州（0.9023）；马鞍山（0.9902）；池州（0.0757）；岳阳（0.3643）
39	南昌（－0.5719）；上饶（0.3810）；长沙（0.9703）；铜陵（0.8390）；芜湖（－0.4503）；淮南（0.0878）；安庆（－0.4839）；黄冈（0.4936）；鹰潭（0.1832）；马鞍山（0.9087）；湘潭（0.9171）；咸宁（0.9188）；蚌埠（－0.7441）；景德镇（－0.3070）；宜春（－0.7614）；九江（－0.7176）；武汉（0.6319）；吉安（0.9190）；孝感（0.9041）；合肥（0.9659）；株洲（－0.2822）；滁州（0.4821）；荆门（－0.2409）；宣城（0.6211）；岳阳（－0.6679）；黄石（－0.7781）；荆州（0.2495）；六安（－0.2990）；益阳（0.8501）
40	黄石（－0.5758）；滁州（－0.2774）；南昌（－0.2855）；株洲（0.9678）；宣城（0.9869）；淮南（0.3960）；宜春（－0.7972）；武汉（0.8923）；蚌埠（0.9766）；上饶（0.9862）；合肥（0.9041）；芜湖（－0.4840）
43	吉安（0.0256）；孝感（0.9416）
44	抚州（0.8029）；益阳（0.8288）；六安（0.9789）；滁州（－0.1891）
48	合肥（0.7937）；吉安（0.9800）
51	马鞍山（0.8186）；黄石（0.9932）
52	荆州（0.0318）；抚州（0.5410）；宜昌（0.3718）；荆门（0.7009）；安庆（0.7329）；常德（0.8889）；咸宁（0.9840）；孝感（0.7239）；黄冈（0.5900）
53	铜陵（0.9455）；岳阳（0.4562）；咸宁（0.7945）；新余（0.8698）；常德（0.9768）
54	安庆（－0.4939）；抚州（0.5153）
55	滁州（0.4077）；抚州（0.4523）；鄂州（0.7719）
56	黄冈（0.4819）
62	合肥（0.8953）
63	滁州（－0.8284）；黄冈（－0.4737）；宜春（－0.9820）；抚州（0.8495）
64	黄石（0.3964）；抚州（0.7304）；上饶（0.2717）

续表

HS2	地区及竞争力指数
68	咸宁（0.4893）；娄底（0.0769）；滁州（-0.3294）；武汉（0.2736）；黄冈（-0.2642）
69	芜湖（0.1978）；池州（-0.8586）；景德镇（-0.9430）；鹰潭（-0.9245）
70	蚌埠（-0.7085）；芜湖（-0.5028）；景德镇（0.5476）；南昌（0.0314）；孝感（0.6208）
71	湘潭（0.5905）
72	娄底（0.8332）；鄂州（0.7300）；马鞍山（0.8466）；湘潭（0.9366）；新余（0.6418）
73	长沙（0.6342）；铜陵（0.6818）；娄底（0.0079）；马鞍山（0.9883）；新余（0.9758）；芜湖（0.9757）；合肥（0.8351）；武汉（0.7485）；景德镇（0.9815）；宣城（-0.7066）；鄂州（-0.5728）；上饶（0.5655）；鹰潭（0.8766）；益阳（0.9397）；湘潭（0.2032）；株洲（0.1184）；宜昌（0.7973）；滁州（0.9893）；淮南（0.7967）
74	铜陵（-0.0836）；芜湖（0.5550）；鹰潭（0.4715）；黄石（0.7217）；武汉（0.6215）
75	常德（0.6794）
76	株洲（0.8872）；宜昌（0.9854）；鄂州（-0.6250）；武汉（-0.4779）
78	衡阳（0.5664）
81	株洲（0.9800）；荆门（0.5983）；湘潭（0.1565）；鹰潭（0.2745）；长沙（0.9159）
82	淮南（0.8719）；长沙（0.2008）；株洲（0.8931）；娄底（0.9394）；芜湖（0.8927）；鄂州（0.9328）；武汉（0.9865）
83	株洲（0.9479）
84	鹰潭（0.9670）；马鞍山（0.9966）；常德（-0.2460）；滁州（0.4532）；蚌埠（0.6368）；抚州（0.7044）；衡阳（0.6200）；安庆（0.8564）；景德镇（0.7783）；合肥（0.0849）；芜湖（-0.0025）；荆州（0.3348）；六安（0.6074）；娄底（0.9402）；黄冈（-0.2277）；岳阳（-0.9349）；吉安（-0.8595）；孝感（-0.9386）；益阳（0.4829）；荆门（-0.7837）；淮南（-0.9692）；宜春（0.5397）；湘潭（-0.2022）；新余（-0.5685）；上饶（-0.3095）；南昌（0.9293）；九江（-0.2406）；武汉（0.3240）；鄂州（-0.9808）；黄石（0.2472）；铜陵（-0.8921）；长沙（0.1139）；咸宁（0.5297）；株洲（0.2845）；池州（0.2363）；宣城（-0.3198）；宜昌（-0.7750）

HS2	地区及竞争力指数
85	蚌埠（0.9797）；淮南（0.0521）；娄底（-0.2690）；衡阳（0.0869）；黄石（0.0303）；宣城（0.9076）；上饶（0.5592）；鄂州（0.3941）；荆州（0.9499）；常德（0.9166）；南昌（0.8601）；长沙（0.9705）；吉安（0.9145）；九江（0.0097）；武汉（-0.0166）；六安（-0.6374）；宜昌（0.3814）；湘潭（0.6547）；新余（0.9188）；益阳（0.9496）；荆门（0.8961）；咸宁（0.6004）；岳阳（0.6604）；鹰潭（-0.1303）；孝感（-0.0880）；滁州（0.2348）；铜陵（0.3992）；宜春（0.5299）；黄冈（0.4489）；池州（0.8758）；合肥（0.8265）；马鞍山（-0.0608）；景德镇（0.5459）；株洲（0.6319）；安庆（0.7607）；抚州（0.9930）；芜湖（0.9918）
86	湘潭（0.3047）；株洲（-0.0020）
87	湘潭（-0.3297）；马鞍山（0.8127）；抚州（0.0304）；咸宁（0.3485）；宣城（0.5026）；铜陵（0.6544）；芜湖（0.7912）；景德镇（0.9857）；孝感（0.9355）；株洲（0.4214）；衡阳（0.5066）；合肥（0.7853）；荆门（0.8763）；武汉（0.5575）
88	景德镇（0.9421）
90	鹰潭（0.9705）；合肥（0.9929）；吉安（0.9804）；新余（0.4279）；岳阳（0.4441）；黄石（0.9304）；芜湖（0.8472）；九江（0.9829）；武汉（-0.8838）；孝感（-0.6154）；长沙（-0.9005）；上饶（-0.7055）；衡阳（0.6545）；娄底（0.5104）；马鞍山（0.6985）；滁州（0.9113）
94	马鞍山（0.7686）；孝感（0.1542）；武汉（0.4660）；合肥（0.6549）；南昌（0.9409）
96	娄底（0.8296）；黄冈（0.7725）

注：括号里为 TC 指数。

（一）外贸结构相似度较高

由于资源、人文、地缘等各方面的相似，长江中游地区的产业相似度也较高，省市之间竞争也就比较激烈。例如表 6-1 中 HS 编码第 28 章（化工原料）有荆州、孝感、常德、九江、湘潭、上饶、新余、咸宁、长沙9个城市对外贸易;第29章(有机化学品)有23个城市出口相似产品;第39章(塑料及其制品)有29个城市相互竞争出口;第84、85章有高达37个城市对外贸易相同或相似;较高的外贸产品相似度一方面有利于产业的优势互补和产业链发展,但是更多的却是带来了进出口的激烈竞争,更有甚者引起恶意的价格战,对长江中游城市群的长远发展有很大的阻碍作用。

(二) 城市群优势产业集中在化学等产业上

长江中游城市群的产业集中在化学工业及其相关产品(例如第28~38章)、劳动密集型产品(第39~67章)、港铁及其制品(第72~73章)、机械设备(第84~85章)、车辆(第87章)和光学仪器(第90章)等产品中。产业集中度相对较高,产业分布较集中。

(三) 大部分城市均有外贸优势明显的产业

在地域地形和资源、人才、科技分布不均的情况的影响下。各城市进出口有较大差异,部分城市外贸优势明显。例如:在HS第29章中合肥、常德TC指数高达0.9817和0.9275接近1,而武汉为-0.9684接近于-1;第84章中马鞍山、南昌出口优势显著,接近于1,而淮南、鄂州则进口优势显著,接近于-1。

三、长江中游城市群贸易显示性指数分析

(一) 产品出口结构相似

长江中游城市群各城市的主要出口创汇产品集中,出口结构

相似。在图6-1中，全部的37个城市都出口第84章机器机械器具，36个城市出口第29章有机化学品和第85章电机电气设备……17个城市出口第90章光学仪器及设备等（见表6-2）。

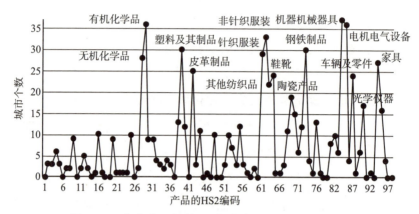

图6-1　各市出口额前20名的产品及所涉城市数目

表6-2　　　　2013年长江中游城市群显性比较优势指数

商品	地区及 RCA 指数
2	湘潭（264.9502）；益阳（87.2902）；常德（66.4745）
3	荆州（8.5534）；益阳（1.0871）；娄底（0.0312）
4	孝感（62.1345）；黄冈（30.7667）；荆州（132.5551）；荆门（22.2571）；岳阳（22.6025）
5	安庆（40.3326）；六安（139.0844）
7	荆门（1.5101）；娄底（0.0505）
8	常德（7.0786）；抚州（34.7854）；芜湖（6.1807）
9	宜昌（21.8093）；湘潭（5.6202）；常德（8.1458）；景德镇（2.2858）；上饶（22.1584）；池州（4.1204）；宣城（37.2659）；六安（10.6818）
10	合肥（6.9272）
11	滁州（62.7014）；蚌埠（80.2774）

续表

商品	地区及 RCA 指数
12	湘潭（3.7146）；常德（7.6922）；娄底（1.7995）；衡阳（11.3129）；合肥（1.5566）；池州（29.53）
13	鄂州（17.2237）；宜昌（30.3334）；长沙（2.7456）；株洲（2.4202）
15	衡阳（6.7451）
16	荆州（49.2671）；荆门（18.5225）；湘潭（6.0639）；益阳（2.2201）；娄底（4.6172）；黄冈（2.9602）；上饶（37.0849）；抚州（56.9786）；六安（1.6833）；蚌埠（2.9031）
17	马鞍山（20.3905）
20	宜昌（48.0353）；黄冈（2.4265）；岳阳（5.8778）；常德（9.6523）；宜春（7.7476）；芜湖（0.2777）；六安（7.0279）；淮南（0.0895）
21	宜昌（102.0252）
22	常德（10.4019）
23	长沙（0.6589）；衡阳（0.966）
25	孝感（15.58）；衡阳（1.1932）；景德镇（0.9014）；新余（7.2638）；马鞍山（27.2859）；铜陵（36.9743）；安庆（39.0629）；池州（31.1404）
27	荆门（1.1667）；安庆（5.4403）
28	武汉（5.8639）；黄冈（1.2598）；黄石（0.771）；孝感（14.4588）；咸宁（1.0365）；宜昌（59.5728）；荆州（10.4139）；长沙（0.1371）；株洲（0.0121）；湘潭（13.6097）；岳阳（2.5064）；益阳（6.9842）；常德（20.1588）；娄底（23.8605）；衡阳（24.9953）；九江（14.3816）；景德镇（59.0448）；鹰潭（3.1327）；上饶（8.0818）；新余（4.0671）；抚州（4.2182）；宜春（9.9302）；吉安（3.536）；安庆（23.0639）；池州（3.7523）；淮南（4.1993）；蚌埠（5.6404）
29	武汉（1.0393）；黄冈（11.3979）；黄石（5.6962）；鄂州（0.8669）；孝感（0.4814）；咸宁（0.209）；宜昌（16.6889）；荆州（36.6589）；荆门（3.3784）；长沙（0.4351）；株洲（0.0021）；湘潭（0.9951）；岳阳（11.7058）；常德（2.6372）；娄底（0.1423）；衡阳（0.6881）；南昌（0.0216）；九江（4.1606）；景德镇（14.4819）；芜湖（1.3519）；马鞍山（4.4981）；铜陵（5.5653）；安庆（2.2997）；池州（2.0145）；滁州（4.4668）；宣城（12.9445）；淮南（0.1151）；蚌埠（18.7709）
30	黄冈（3.4699）；鄂州（0.5259）；咸宁（16.85）；宜昌（84.2035）；荆州（29.204）；荆门（5.1958）；淮南（0.4304）；蚌埠（4.0909）

商品	地区及 RCA 指数
31	孝感（33.2711）；咸宁（1.1806）；宜昌（324.3111）；荆州（11.3569）；荆门（27.1561）；岳阳（15.6286）；铜陵（4.164）；淮南（0.3945）
32	武汉（1.2558）；荆州（29.2755）；湘潭（12.8098）；抚州（21.5119）；合肥（0.296）；铜陵（14.3356）
33	宜昌（33.6415）；娄底（0.0911）；抚州（10.8441）；合肥（2.7487）
34	南昌（0.4084）；合肥（0.3326）；马鞍山（13.1337）；铜陵（19.7357）
35	株洲（0.0645）；益阳（29.1245）；常德（11.903）；鹰潭（3.1436）；淮南（4.6711）
36	宜春（315.2725）
37	长沙（4.6657）
38	荆州（15.2778）；长沙（0.0929）；湘潭（0.971）；岳阳（4.3859）；娄底（0.5188）；九江（14.7061）；淮南（0.2131）
39	武汉（0.8067）；黄石（0.3909）；黄冈（0.3883）；孝感（0.4643）；咸宁（0.1719）；荆州（2.2069）；湘潭（0.1046）；岳阳（1.3106）；益阳（0.212）；南昌（0.0502）；九江（3.8624）；景德镇（0.1864）；吉安（2.9084）；合肥（1.6008）；芜湖（0.2176）；马鞍山（1.1618）；铜陵（0.4054）；安庆（1.4682）；池州（0.0652）；滁州（0.8879）；宣城（5.3538）；六安（0.5766）
40	武汉（0.7122）；黄石（0.3156）；鄂州（0.6484）；株洲（0.1756）；岳阳（4.8637）；南昌（0.04）；蚌埠（3.1064）
42	黄石（0.2958）；咸宁（0.472）荆州（1.2644）；荆门（0.6693）；益阳（0.5607）；娄底（0.0259）；南昌（0.0408）；九江（2.7193）；景德镇（0.1682）；鹰潭（0.1885）；上饶（2.0752）；新余（0.6133）；吉安（5.6133）；铜陵（0.254）；安庆（4.5376）；池州（0.2256）；滁州（3.9361）；宣城（3.4687）；六安（4.6044）；淮南（0.6525）；蚌埠（1.3041）
44	长沙（0.2491）；黄冈（2.4032）；衡阳（0.7029）；鹰潭（2.61）；上饶（2.4804）；抚州（2.9395）；宜春（25.8443）；池州（8.5991）；滁州（4.9592）；宣城（3.6493）；六安（30.02）

续表

商品	地区及 RCA 指数
46	六安（241.4797）
48	岳阳（3.9574）；新余（0.8526）；吉安（4.2301）；合肥（0.2012）；安庆（7.6023）；宣城（2.688）
51	黄石（4.9468）；马鞍山（8.6471）；宣城（17.3926）
52	孝感（4.4173）；黄冈（0.8988）；咸宁（2.0757）；宜昌（2.2254）；荆州（4.6937）；荆门（0.9003）；常德（3.791）；九江（3.6414）；抚州（3.1072）；芜湖（3.0029）；安庆（18.4835）；蚌埠（1.0722）
53	黄石（4.443）；咸宁（26.3609）；岳阳（29.4657）；常德（52.9216）；上饶（145.5094）；新余（70.9933）；铜陵（112.3472）
54	抚州（3.3487）；铜陵（2.4509）；安庆（4.3636）
55	鄂州（6.7951）；孝感（10.2667）；咸宁（3.8216）；宜昌（5.2145）；荆门（1.0713）；常德（1.9224）；九江（15.2747）；新余（12.1328）；抚州（6.9128）；铜陵（0.6461）；安庆（11.3037）；滁州（4.6484）
56	荆门（10.1194）；黄冈（2.0353）；益阳（3.3962）；常德（4.13）
57	新余（23.17）
58	株洲（0.0076）
59	鄂州（0.5797）；芜湖（0.7755）
61	武汉（0.2424）；黄石（0.4444）；黄冈（0.1759）；孝感（0.2434）；荆州（0.9963）；荆门（0.1386）；湘潭（0.1208）；岳阳（0.3227）；益阳（3.057）；衡阳（0.3056）；南昌（0.0694）；九江（5.6695）；鹰潭（0.4699）；上饶（2.7388）；新余（0.1415）；抚州（5.3437）；宜春（3.1795）；吉安（4.5845）；芜湖（0.083）；马鞍山（1.4248）；铜陵（0.2122）；安庆（3.5294）；池州（1.6464）；滁州（0.3916）；宣城（1.3167）；六安（0.7299）；蚌埠（0.6636）
62	武汉（2.7152）；黄石（8.1092）；黄冈（2.739）；鄂州（1.5805）；孝感（1.5361）；咸宁（3.8553）；荆州（13.2519）；荆门（1.5709）；长沙（0.014）；湘潭（0.111）；岳阳（0.1402）；益阳（1.0994）；常德（0.278）；衡阳（0.6845）；南昌（0.0189）；九江（4.9286）；景德镇

商品	地区及 RCA 指数
63	武汉（0.2381）；黄冈（2.1904）；鄂州（0.2471）；咸宁（1.1745）；宜昌（2.203）；荆州（9.9927）；岳阳（1.7415）；益阳（3.4821）；南昌（0.0382）；九江（3.8452）；鹰潭（0.2114）；上饶（3.0895）；新余（3.6347）；抚州（2.8768）；宜春（3.5642）；合肥（0.1191）；马鞍山（1.3325）；安庆（6.6975）；池州（0.247）；滁州（3.2587）；六安（5.4764）；淮南（0.0673）
64	黄石（10.3618）；黄冈（0.85）；鄂州（0.8429）；咸宁（0.1912）；岳阳（0.4138）；益阳（0.53）；常德（0.2215）；娄底（0.6502）；衡阳（7.1938）；南昌（0.1539）；九江（3.822）；鹰潭（2.1695）；上饶（4.5732）；抚州（3.2471）；宜春（17.1498）；吉安（7.9749）；芜湖（0.1635）；池州（0.6179）；滁州（1.5847）；宣城（1.4482）；六安（1.0134）；淮南（0.0719）；蚌埠（0.925）
65	荆州（30.1417）
66	抚州（24.296）
67	吉安（8.0476）；六安（6.8565）
68	武汉（0.4625）；黄冈（2.8841）；鄂州（0.2197）；咸宁（8.9486）；荆门（2.2217）；娄底（0.0993）；衡阳（0.8742）；南昌（0.1072）；九江（32.6037）；上饶（25.4357）；宜春（18.6668）；滁州（3.3442）
69	武汉（0.2256）；黄石（0.276）；宜昌（3.6405）；湘潭（3.8477）；岳阳（0.765）；娄底（0.031）；九江（5.5977）；鹰潭（0.1359）；上饶（2.0478）；新余（0.7778）；宜春（25.8888）；吉安（4.2244）；合肥（0.14）；芜湖（0.1581）；马鞍山（1.479）；池州（3.0053）
70	孝感（0.9075）；咸宁（3.5862）；株洲（0.0072）；娄底（0.0778）；南昌（0.0777）；九江（22.6726）；景德镇（0.255）；抚州（2.9216）；宜春（4.122）；吉安（3.9237）；芜湖（11.9377）；滁州（13.0393）；六安（1.8648）；淮南（3.9222）；蚌埠（13.85）
71	黄石（2.0779）；鄂州（0.1433）；长沙（0.3555）；株洲（0.0017）；湘潭（19.4465）；鹰潭（6.1459）；铜陵（1.8508）
72	黄石（23.566）；鄂州（1.189）；孝感（0.6867）；咸宁（0.1283）；湘潭（20.6413）；娄底（7.2167）；新余（45.0943）；马鞍山（24.2266）；六安（2.3495）

商品	地区及 RCA 指数
73	武汉（0.0961）；黄石（7.4337）；黄冈（0.2622）；鄂州（0.1484）；孝感（0.6828）；宜昌（1.0576）；长沙（0.1762）；株洲（0.0225）；湘潭（1.7972）；岳阳（0.2007）；益阳（0.4711）；娄底（0.6142）；衡阳（29.9653）；南昌（0.0474）；九江（2.4573）；鹰潭（0.2015）；上饶（0.822）；新余（0.266）；宜春（1.2512）；吉安（1.8955）；合肥（0.0897）；芜湖（0.3874）；马鞍山（6.1369）；铜陵（0.1358）；池州（0.04）；滁州（12.7167）；宣城（4.8728）；淮南（0.0425）；蚌埠（0.8531）
74	武汉（0.7658）；黄石（68.908）；株洲（0.4237）；鹰潭（148.8907）；芜湖（0.5559）；铜陵（169.0214）
75	常德（11.4988）
76	武汉（0.5222）；鄂州（0.1478）；孝感（2.3673）；宜昌（22.9407）；荆州（4.4089）；长沙（0.0209）；株洲（0.0018）；南昌（0.0782）；马鞍山（2.9406）；池州（0.418）；宣城（4.0579）
78	衡阳（21.8249）
81	宜昌（32.8355）；荆门（4.2738）；长沙（2.1909）；株洲（0.3601）；湘潭（49.6983）；岳阳（4.4085）；衡阳（1.306）；鹰潭（35.0935）
82	武汉（3.5541）；鄂州（1.9129）；宜昌（2.8117）；长沙（1.2749）；株洲（9.9516）；娄底（0.0665）；景德镇（1.4963）；吉安（4.4616）；芜湖（1.682）；淮南（0.0855）
83	鄂州（0.2105）；株洲（0.0181）；南昌（0.0374）；景德镇（0.2116）；鹰潭（0.6878）；吉安（3.833）；蚌埠（3.1036）
84	武汉（0.9931）；黄石（1.6854）；黄冈（0.1331）；鄂州（0.0946）；孝感（0.2329）；咸宁（0.0342）；宜昌（0.9405）；荆州（1.1897）；荆门（0.1769）；长沙（0.2264）；株洲（0.0723）；湘潭（0.2176）；岳阳（0.0586）；益阳（0.5485）；常德（0.2719）；娄底（0.051）；衡阳（0.3264）；南昌（0.0086）；九江（0.5718）；景德镇（0.453）；鹰潭（0.0262）；上饶（0.3445）；新余（0.0429）；抚州（0.1744）；宜春（1.1472）；吉安（0.5179）；合肥（2.2768）；芜湖（5.4112）；马鞍山（1.1921）；铜陵（0.3165）；安庆（0.5916）；池州（0.1437）；滁州（1.2882）；宣城（0.9834）；六安（0.2019）；淮南（0.0375）；蚌埠（0.7435）

商品	地区及 RCA 指数
85	武汉（4.1015）；黄石（0.1399）；黄冈（0.0443）；鄂州（0.0516）；孝感（0.2604）；咸宁（0.2279）；宜昌（0.1776）；荆州（0.5212）；荆门（0.0394）；长沙（0.1773）；株洲（0.0143）；湘潭（0.2027）；岳阳（0.1037）；益阳（0.8937）；常德（0.1682）；娄底（0.0356）；衡阳（2.7967）；南昌（0.0275）；九江（1.276）；景德镇（0.1331）；鹰潭（0.2222）；上饶（3.8859）；新余（0.1446）；抚州（0.4231）；宜春（0.4622）；吉安（2.0055）；合肥（0.5789）；芜湖（1.0766）；马鞍山（0.1689）；铜陵（0.4375）；安庆（0.1326）；池州（0.0623）；滁州（1.7049）；宣城（0.3616）；六安（0.2086）；淮南（0.037）；蚌埠（0.244）
86	武汉（0.3982）；株洲（8.6215）；湘潭（0.436）；马鞍山（17.7989）；铜陵（2.7818）
87	武汉（9.069）；黄石（2.7634）；鄂州（0.4417）；孝感（2.8529）；咸宁（0.3258）；荆州（2.4726）；荆门（0.8268）；长沙（1.4858）；株洲（0.0419）；湘潭（2.7589）；常德（0.6385）；衡阳（0.0987）；南昌（0.0136）；景德镇（0.7438）；抚州（1.894）；合肥（0.2237）；芜湖（41.5041）；马鞍山（5.8214）；铜陵（0.1204）；安庆（0.6911）；滁州（1.4891）；宣城（7.3036）；六安（2.3412）；蚌埠（0.3889）
88	景德镇（32.1014）
89	宜昌（11.393）；黄冈（5.5989）；益阳（5.647）；常德（4.3653）；蚌埠（1.5843）
90	武汉（1.7354）；黄石（0.1369）；孝感（1.0937）；长沙（0.5772）；岳阳（0.3192）；娄底（0.006）；衡阳（3.908）；九江（1.4977）；鹰潭（1.9166）；上饶（1.1113）；新余（0.1716）；吉安（1.7671）；合肥（0.1739）；芜湖（2.8309）；马鞍山（2.8982）；滁州（1.321）
91	南昌（0.3044）
92	长沙（0.4827）；淮南（2.1607）
94	武汉（0.1838）；黄石（0.0781）；鄂州（0.0359）；孝感（1.4626）；咸宁（0.0955）；荆门（0.1431）；益阳（0.2742）；衡阳（0.4855）；南昌（0.0207）；九江（2.9416）；景德镇（0.1393）；鹰潭（0.3484）；上饶（1.1818）；新余（0.2095）；宜春（2.8793）；吉安（3.6414）；合肥（0.0187）；芜湖（0.4218）；马鞍山（1.0716）；铜陵（0.4481）；安庆（2.8877）；池州（0.0403）；滁州（1.6595）；宣城（3.235）；六安（4.1021）；蚌埠（1.1265）

商品	地区及 RCA 指数
95	咸宁（0.2893）；株洲（0.0046）；益阳（0.5129）；南昌（0.0279）；九江（9.4198）；景德镇（0.0862）；新余（0.7046）；抚州（9.2431）；宜春（2.749）；吉安（4.507）；池州（0.3186）；滁州（7.6586）；宣城（2.0893）；六安（3.1958）；淮南（0.3622）
96	娄底（0.3307）；宣城（3.7088）；黄冈（1.2234）

注：括号中为 RCA 指数。

（二）出口竞争力极强的产品主要为资源性和低、中技术产品

为能清楚地看到出口产品的类型，这里采用祝树金等（2009）的方法，将产品分为5类：初级产品、资源性产品、低技术产品、中技术产品和高技术产品。在表6-3第2列中出口竞争力极强的产品主要包括资源性产品、农副加工品、纺织服装鞋帽和化工产品等。低技术类的第62章非针织服装和第63章其他纺织制品分别是20个和17个城市的极具竞争力产品。中技术类产品以化工产品为主，例如第28章有机化学品是17个城市的极具竞争力产品。在高技术类产品上，只有咸宁和宜昌的第30章药品是极具竞争力的。

表6-3　2013年长江中游城市群各城市的贸易显示性指数

城市（a；b）	竞争力极强	竞争力较强	竞争力一般	竞争力弱
武汉（69.34；56.77）	62，84	72，69，63，68，85，82	61，73	28，76，90，29，48，94，87，39，30，38

续表

城市 (a; b)	竞争力极强	竞争力较强	竞争力一般	竞争力弱
黄石 (99.08; 88.39)	64, 62, 74, 72, 53, 73, 51	29, 84	61, 71	42, 87, 69, 28, 39, 94, 85, 40, 90
黄冈 (69.24; 60.19)	63, 29, 62, 96, 68, 64, 20, 16, 89, 61, 44, 70	4, 31, 76	39, 28	73, 71, 84
鄂州 (79.69; 61.25)	55, 13, 62, 82, 64, 59, 63, 72	29, 40, 83, 68	73	87, 76, 84, 94, 71, 85, 30
孝感 (86.25; 64.96)	43, 55, 52, 31, 25, 28, 4, 94, 62, 76	90	48, 73, 87	61, 39, 85, 29, 72, 84
咸宁 (87.33; 68.82)	53, 68, 62, 55, 70, 63, 52, 30, 42	28, 95, 31, 64	85	94, 39, 29, 87, 72, 84
宜昌 (91.25; 84.04)	31, 20, 28, 81, 21, 13, 89, 76, 69, 55, 29, 33, 63, 30, 9	52, 82		73, 84, 85
荆州 (93.52; 76.21)	65, 16, 63, 62, 29, 32, 52, 3, 28, 38, 4, 31	42, 76, 61, 30		39, 84, 85, 87
荆门 (61.3; 37.96)	67, 7, 16, 56, 31, 81, 68, 62, 4, 52, 29, 42	25	76, 30	39, 87, 84, 85, 27
长沙 (68.14; 49.53)	36, 5, 81, 69, 24, 9, 94, 82, 28	70, 42, 87, 85	84, 76	48, 73, 61, 29, 39

城市 (a；b)	竞争力极强	竞争力较强	竞争力一般	竞争力弱
株洲 (35.7； 23.27)	86，81，82，36，28			70，69，84，29，83，38，94，73，76，85，95，39，87，61，90
湘潭 (99.02； 84.75)	81，2，72，71，69，28，16，32	73，9		86，87，12，29，38，61，85，62，84，39
岳阳 (95.31； 86.01)	53，31，29，63，20，81，40，48，69，38，28	64，61，4，39		62，90，73，85，84
益阳 (95.99； 80.52)	35，63，61，89，2，28，44，56，16，62	42，64，85，95，3	94，84，73	29，39
常德 (89.55； 72.19)	53，28，20，89，52，35，56，2，55，9，75，8，29，12	22，62，64		84，85，87
娄底 (99.88； 92.44)	28，16，72，64，73	96，12	38	68，70，82，69，29，42，84，85，7，3，33，90
衡阳 (99.62； 92.55)	73，64，28，85	90，78，12	42，62，81，94，68	61，25，44，29，84，15，23，87
南昌 (52.01； 23.84)	61，64	42，95，82，62，28，69，94	87，84	73，85，90，48，40，76，39，72，29
九江 (33.77； 22.67)	68，70，55，95，61，69，63	62，64，28，94，42，52，38		73，39，29，85，90，84

续表

城市 （a；b）	竞争力极强	竞争力较强	竞争力一般	竞争力弱
景德镇 （56.62； 47.55）	28，69，29，38	82，88		9，84，42，94， 70，25，83，87， 73，85，95，39， 62，30
鹰潭 （64.85； 58.6）	74，81，64，71	28，35，44， 90，61，29	83，94	63，42，69，85， 73，62，39，84
上饶 （44.51； 38.29）	53，16，68，64， 62，63	61，9，42， 85，69，28	94	29，40，44，90， 73，39，84
新余 （66； 59.88）	53，57，72，55，63	25，28，69， 62，42	95	38，94，48，61， 73，29，85，90， 84
抚州 （68.72； 56.48）	66，16，95，61， 55，32，63，8，64， 62，54，52，70	28，33	44，29	85，87，84
宜春 （68.51； 51.85）	36，69，64，68， 44，63，61，94， 42，20，28，70，95	62	29，40	73，84，39，85
吉安 （36.14； 18.94）	43，67，64，42， 61，62，69	94，95，83， 82，70		85，48，29，73， 28，39，90，84
合肥 （45.81； 31.12）	59	63，40，42， 55，84，90， 69，94，62	64，20，95	87，48，39，73， 61，29，85
芜湖 （88.81； 65.97）	89，61，70，25， 87，96	84，63，20， 4	62，64，85， 73，74	94，90，39，72， 29

续表

城市 （a；b）	竞争力极强	竞争力较强	竞争力一般	竞争力弱
马鞍山 （72.91； 53.52）	86，72，25，51， 73，62，34，61，63	69，17，94， 29，90，38， 76	87	84，39，85
铜陵 （99.24； 79.06）	53，74，25，34， 32，54，86，29，62	31，94，55	71，42	61，85，84，39， 73，87
安庆 （58.39； 45.11）	5，43，52，63，55， 25，28，62，42， 61，54，94	48		29，40，39，84， 27，85，87
池州 （98.17； 86.43）	25，69，44，12， 61，28，62，64，9， 29，63	95，42，38	76	84，94，85，73， 39
滁州 （79.24； 62.77）	70，95，73，11， 42，63，55，68， 94，64，62	44，85，29	84	61，40，90，39， 87
宣城 （57.75； 38.33）	51，9，42，40，94， 96，29，73	95，61，64， 39，76	62，44，87	48，38，84，85
六安 （95.81； 83.59）	46，5，67，44，63， 42，94，62，95， 20，9，64，70	61，16，72		87，39，85，84
淮南 （38.38； 30.99）	70，92，62，28， 35，42，95	40		63，64，31，82， 38，20，39，29， 85，73，84，30
蚌埠 （57.1； 41.57）	70，11，29，83， 42，62，16，28	94，89，64， 61，40，52	39	73，84，85，30， 87

注：表格 2~5 列中数字为产品的 HS2 位代码，且按其 RCA 值从大到小排列显示；表格第 1 列括号中 a 为出口量最大的 20 类产品占城市总出口的百分比重，b 为竞争力极强和较强产品占城市总出口的百分比重。

（三）产品结构有明显升级的迹象

在表 6 – 3 第 3 列中给出了较具竞争力的产品，其中高技术类产品有所增加。例如，孝感、衡阳、鹰潭、合肥和马鞍山在第 90 章光学仪器有较强竞争力。中技术类产品类别和参与城市增多。第 84 类机器机械器具不仅是武汉极具竞争力产品，而且是黄石、合肥和芜湖较具竞争力产品。在竞争力一般（表 6 – 3 第 4 列）和竞争力弱（表 6 – 3 第 4 列）的产品中存在许多高技术产品，其中有 12 个城市出口了光学仪器类产品。这一方面反映了产品结构的升级，高技术产品已成为城市的主要创汇产品，但当前仍处于发展期，尚不具备国际竞争力。另一方面，它也预示着新一轮的产品出口竞争格局。各城市在产业规划中均将高技术产业培育列为重点工作，那么这些高技术产品经过一段时间可能成为许多城市的竞争优势，产品结构相似和产业重复建设将会引发又一次的恶性竞争。因此，构建城市间产业合作和贸易分工体系迫在眉睫。

（四）贸易结构较脆弱

在表 6 – 3 第 1 列里有两个数据。一是出口创汇最多的 20 类产品占城市贸易总额的百分比，平均值达到 73%。该值在黄石、宜昌、荆州、湘潭、岳阳、益阳、娄底、衡阳、铜陵、池州和六安甚至超过了 90%。可以说，城市贸易额的高低在极大程度上取决于这 20 类产品。二是竞争力极强和较强的产品占城市贸易总额的百分比，平均值为 58%，其中有 24 个城市超过 50%，4 个城市低于 30%。当两类数据都偏高时，城市的整个贸易体系就会十分脆弱。以黄石市为例，99% 的贸易源于 20 类产品，88% 的贸易由9种竞争力强的产品创造。一旦外部环境发生变化，如第72、73章钢铁及其制品市场波动时，城市的贸易量就会受到较大影响。

第二节

长江中游城市群的外贸相似性

一、贸易相似性指数介绍

为了衡量两个城市间的贸易相似度，这里采用了 SP（Export Similarity Index for Products）指数。它是通过考察两市某产品的出口份额大小及其分布是否相似，来分析两市出口相似程度的，具体表述为：

$$SP = \sum_{i}^{n}\left\{\left(\frac{X_{ij}/X_j + X_{ik}/X_k}{2}\right)\left[1 - \left|\frac{(X_{ij}/X_j) - (X_{ik}/X_k)}{(X_{ij}/X_j + X_{ik}/X_k)}\right|\right]\right\}$$

$$(6.3)$$

式中，X_{ik} 为 k 城市 i 产品的出口，X_k 表示 k 城市的出口总值。这里 n = 1，2，…，15，分别代表城市个数最多的前15个产品类型。当 SP = 1，说明两市出口产品完全相同；SP 指数位于[0.5，1）间时，表示城市的出口结构比较相同；指数在（0，0.5]间时，则结构有一定差异；SP = 0，说明两市产品完全不同。指数越大，则两市出口竞争也就越激烈。

毫无疑问，长江中游城市群产业结构重构的问题也会反映到贸易结构上，因而各城市的产品一定会有重叠。本书接着挑选重叠频率较高的15类产品，用以比较各个城市在出口上的相似性。

最后结合公式（6.2）和公式（6.3）计算出来的显示性比较优势指数和贸易相似性指数来度量长江中游城市群各城市在贸易和产业上的竞争程度。

二、长江中游城市群外贸的相似度分析

（一）贸易结构与产业结构密切相关

在前面的分析中提到了长江中游城市群存在的产业结构和贸易结构相似的问题，这里进一步用指标来考察其相似程度。

大部分城市的 GDP 与出口规模是对应的。若将二产产值与出口值各分四层，则两者均在同一层次的有 24 个城市。例如，GDP超过 1500 亿元的为产值第一层次，包括武汉、长沙、合肥、南昌和宜昌；出口额超过 50 亿美元为贸易第一层次，包括合肥、武汉、南昌和长沙。黄冈、荆门等 14 个城市的第二产值在 600亿~1500 亿元之间，属于产值第二层次，而其中又有 8 个城市属于 12 亿~50 亿美元的贸易第二层次。产值第三层的 14 个城市中也有 8 个为贸易第三层，产值第四层次的 7 个城市中有 4 个居贸易第四层。可以说，长江中游城市群的贸易规模是与第二产业产值密切相关的。长江中游城市群正处在工业化中后期、农业现代化提升期、城市化快速推进期和信息化融合期，与长三角、珠三角、京津冀相比，"四化"同步发展的动力优势更为突出（赵凌云等，2013）。由此判断，长江中游城市群的贸易具有较大发展潜力。对于宜昌、岳阳、常德、湘潭、荆门、娄底、孝感和咸宁这些贸易层次低于产值层次的城市来说，应进一步扩大开放、促进贸易发展。

（二）城市间贸易相似度较高

长江中游城市群产业结构的相似性反映到贸易结构上，将会引起各城市的出口产品的激烈竞争。运用贸易相似度指数计算后，发现城市间的贸易相似程度非常高（见表6-4）。益阳与其他13个城市的SP指数高于0.5，相似城市数目在10个以上的城市还包括吉安、孝感和九江。娄底、衡阳只有2个相似城市，且贸易相似度均低于0.6。鄂、湘、赣三省的省会城市彼此的相似度丰常高，武汉与长沙、南昌的相似度分别为0.670、0.504，长沙与南昌的相似度为0.622。

表6-4　　长江中游城市群各城市的贸易相似度（2013年）

城市	相似城市个数	贸易相似度高的城市
武汉	6	襄阳；长沙；株洲；益阳；南昌；吉安
黄石	4	鄂州；襄阳；荆州；荆门
黄冈	3	荆州；荆门；岳阳
鄂州	5	咸宁；襄阳；荆州；荆门；黄石
孝感	12	襄阳；荆门；长沙；株洲；湘潭；益阳；常德；南昌；九江；新余；萍乡；吉安
咸宁	6	荆州；益阳；九江；上饶；新余；鄂州
襄阳	5	宜昌；荆州；荆门；景德镇；武汉
宜昌	8	荆州；荆门；株洲；湘潭；岳阳；常德；景德镇；襄阳
荆州	9	荆门；岳阳；景德镇；黄石；黄冈；鄂州；咸宁；襄阳；宜昌
荆门	8	岳阳；黄石；黄冈；鄂州；孝感；襄阳；宜昌；荆州
长沙	8	株洲；湘潭；益阳；南昌；上饶；吉安；武汉；孝感
株洲	8	湘潭；常德；南昌；景德镇；武汉；孝感；宜昌；长沙

城市	相似城市个数	贸易相似度高的城市
湘潭	6	常德；景德镇；孝感；宜昌；长沙；株洲
岳阳	4	黄冈；宜昌；荆州；荆门
益阳	13	衡阳；南昌；九江；鹰潭；上饶；新余；抚州；萍乡；宜春；吉安；武汉；咸宁；长沙
常德	5	娄底；景德镇；宜昌；株洲；湘潭
娄底	2	景德镇；常德
衡阳	2	上饶；益阳
南昌	9	九江；抚州；萍乡；宜春；吉安；武汉；长沙；株洲；益阳
九江	10	鹰潭；上饶；新余；抚州；萍乡；宜春；吉安；咸宁；益阳；南昌
景德镇	6	襄阳；宜昌；荆州；株洲；湘潭；常德
鹰潭	5	上饶；宜春；吉安；益阳；九江
上饶	9	新余；抚州；吉安；咸宁；长沙；益阳；衡阳；九江；鹰潭
新余	7	抚州；萍乡；吉安；咸宁；益阳；九江；上饶
抚州	7	萍乡；吉安；益阳；南昌；九江；上饶；新余
萍乡	7	宜春；吉安；益阳；南昌；九江；新余；抚州
宜春	6	吉安；益阳；南昌；九江；鹰潭；萍乡
吉安	11	武汉；长沙；益阳；南昌；九江；鹰潭；上饶；新余；抚州；萍乡；宜春

从城市间的贸易相似程度来看，宜昌—景德镇的相似程度达到了 0.856，在两市出口最多的 20 类产品中有 9 类是相同的，分别占到各市贸易额的 38% 和 48%。反观产业结构，电力、化工、食品医药、装备制造业是宜昌的四大支柱产业，而化工、食品医

药、机械家电、航空汽车和陶瓷则是景德镇的支柱产业。可以看出，两者的产业结构有较大相似性。吉安—九江的相似程度为0.812，在各市出口最多的20类产品中有15类是相同的，分别占到各市贸易额的28%和38%。它们的产业结构也非常相似，前者的支柱产业包括电子信息、医药化工、冶金建材、绿色食品、机械制造等；后者则有石油化工、钢铁有色、电子信息、绿色食品和先进制造等优势产业。此外，荆州—荆门、荆州—黄冈、岳阳—黄冈、常德—宜昌、常德—株洲、景德镇—常德、吉安—上饶这7个城市组合的相似指数均超过了0.7，显示出它们在贸易上较强的相似性。

第三节

典型城市外贸竞争力的比较分析

一、武汉市外贸竞争力

作为城市圈内中心城市，武汉市各方面都优于其他城市，在外贸方面也是如此。2011年武汉的对外进出口总额为2035353万美元，居40城市之首，占武汉城市群的73.4%。

从表6-5中的TC指数我们可以看出，武汉集中在第82章贱金属工具、器具、利口器、餐匙、餐叉及其零件和40章橡胶及其制品中出口优势明显，在29章有机化学品等产品中出口较弱，进口优势明显。从RCA指数来看，武汉在28章无机化学品；贵金属、稀土金属、放射性元素及其同位素的有机及无机化合物、87章车辆及其零件、附件，但铁道及电车道车辆除外、82章贱金属工具、器具、利口器、餐匙、餐叉及其零件等产品中竞争力较强；在 29 章有机化学品产品中竞争力较弱；在 39 章塑料及其制品、69 章陶瓷产品等产品中基本没有竞争力。

表 6 - 5　　　　　　　　武汉的外贸竞争力指数

竞争力指数		HS 编码商品
TC 指数	$0.5 \leqslant TC \leqslant 1$	82 章（0.9865）；40 章（0.8923）；
	$-1 \leqslant TC \leqslant 0.5$	29 章（- 0.9684）；90 章（- 0.8838）
RCA 指数	$RCA \geqslant 2.5$	28 章（5.8639）；87 章（9.069）；62 章（2.7152）；82 章（3.5541）
	$1 \leqslant RCA \leqslant 2.5$	29 章（1.0393）；32 章（1.2558）
	$RCA \leqslant 1$	39 章（0.8067）；40 章（0.7122）；61 章（0.2424）；69 章（0.2256）；76 章（0.5222）

资料来源：根据《中国统计年鉴》相关数据整理得到。

二、长沙市外贸竞争力

长沙近年来出口结构不断优化，传统的低附加值商品出口的不断削弱，机电产品、高新技术产品、高附加值产品出口不断提升，工业制成品等逐渐向资本密集型和技术密集型转变（见表 6 - 6）。

表 6 - 6　　　　　　　　长沙的外贸竞争力指数

产品竞争力指数		HS 编码商品
TC 指数	$0.5 \leqslant TC \leqslant 1$	38 章（0.9273）；39 章（0.9703）；81 章（0.9159）；85 章（0.9705）
	$-1 \leqslant TC \leqslant 0.5$	90 章（- 0.9005）；

产品竞争力指数		HS 编码商品
RCA 指数	RCA≥2.5	13 章（2.7456）；37 章（4.6657）
	1≤RCA≤2.5	81 章（2.1909）；87 章（1.4858）
	RCA≤1	23 章（0.6589）；29 章（0.4351）；38 章（0.0929）；92 章（0.4827）

资料来源：根据《中国统计年鉴》相关数据整理得到。

长沙城市进出口产品出口优势集中在 38 章杂项化学产品、39 章塑料及其制品、81 章等产品其他贱金属、金属陶瓷及其制品；进口优势产品为：90 章光学、照相、电影、计量、检验、医疗或外科用仪器及设备、精密仪器及设备；从 RCA 指数分析来看长沙进出口产品中 13 章虫胶；树胶、树脂及其他植物液、汁，37 章照相及电影用品产品竞争力较强，而在 81 章其他贱金属、金属陶瓷及其制品等产品竞争力一般；23 章食品工业的残渣及废料；配制的动物饲料、38 章杂项化学产品的产品竞争力相对较弱。

三、南昌市外贸竞争力

2013 年南昌进出口总额 7.3 亿美元相对 2009 年的 3.47 亿美元有近 2 倍的增长，但是总量上确实总体与其他城市群中心城市相比较低。2011 年南昌进出口总额 7.8 亿美元仅占环鄱阳城市群的 30%。

作为中心城市的南昌的中心带动作用却并不明显。从 TC 指数中来看，南昌在第 84 章核反应堆、锅炉、机器、机械器具及其零件、85 章电机、电气设备及其零件、94 章家具；寝具、软坐垫及类似的填充制品等产品中有较强的竞争力，但是从 RCA 指数来看，南昌城市进出口产品中竞争力较强的产品很少（见表 6 – 7）。

表 6 – 7   南昌的外贸竞争力指数

产品竞争力指数		HS 编码商品
TC 指数	$0.5 \leqslant TC \leqslant 1$	84 章（0.9293）；85 章（0.8601）；94 章（0.9409）
	$-1 \leqslant TC \leqslant 0.5$	39 章（–0.5719）
RCA 指数	$RCA \geqslant 2.5$	
	$1 \leqslant RCA \leqslant 2.5$	
	$RCA \leqslant 1$	29 章（0.0216）；42 章（0.0408）；62 章（0.0189）

资料来源：根据《中国统计年鉴》相关数据整理得到。

第七章

长江中游城市群外贸
发展的潜力

第一节
长江中游城市群的贸易贡献率

一、贸易贡献率的衡量

国际贸易贡献率是衡量区域国际贸易对区域经济贡献作用的指标，公式为：

$$LZL = GXL \cdot XZL \qquad (7.1)$$

LZL 代表国际贸易贡献率，GXL 代表贸易对经济的贡献率，XZL 代表国际贸易贡献质量。其中，国际贸易对经济的贡献率是用进出口总额与国内生产总值相除得到的数值，它是衡量国际贸易对国内经济贡献程度的指标，表达式为：

$$GXL = TRADE/GDP \qquad (7.2)$$

TRADE 为进出口总额，GDP 为国内生产总值。

国际贸易对经济的贡献率反映国际贸易对国内生产总值的贡

献程度，其值越小，说明国际贸易对该地区的经济发展贡献低。相反，如果所求出值越大就说明国际贸易对这个地区经济发展的贡献程度越高。

国际贸易贡献质量是实际利用外资额与外商投资新合同数的比值，它测量国际贸易的完成质量，表达式为：

$$XZL = WZ/HT \qquad\qquad (7.3)$$

WZ 为实际利用外资，HT 为外商投资新合同数。所求质量值越大，则这个区域国际贸易完成质量越高，相反，所求质量值越小，说明在这个地区国际贸易完成质量越低。

国际贸易贡献率不仅仅考虑了区域国际贸易对区域经济的贡献率，还考虑了区域国际贸易贡献质量的因素，在计算国际贸易贡献率质量的数值时，若一区域的国际贸易贡献率质量值越高，表明这个区域的国际贸易对它的经济贡献作用越大，对这一地区的经济的促进作用越大；相反，如果一个地区国际贸易贡献率质量越低，表明这一地区的国际贸易对该区域经济贡献作用越小，对它的经济的促进作用也就越小。

二、长江中游城市群贸易贡献率的分析

经济发展与对外贸易发展之间总是存在正相关关系，经济的不断发发展推动者对外贸易的不断完善与进步，外贸的完善同样也会促进经济的发展；贸易贡献率超过 1，在该省属于较高贸易贡献水平，贸易贡献率小于 1，说明对这一地区的外贸贡献水平较低。通过计算，我们可以得出长江中游城市群各城市的国际贸易贡献率的数值，详见表 7 - 1。

表7-1 各城市国际贸易贡献率质量数值（2007~2014年）

地区	2007年	2008年	2009年	2010年	2011年	2012年	2013年	2014年
武汉	0.2886	0.4096	0.3634	0.0002	0.6201	0.6150	0.6153	0.8234
黄石	0.4377	0.3866	1.1300	3.7722	0.5583	2.6550	2.5197	0.8970
黄冈	0.0972	0.0855	0.0492	2.5227	0.0245	0.0276	0.1680	0.1057
鄂州	0.0057	0.1052	0.0562	5.3005	0.0442	0.1965	0.2597	0.1395
孝感	0.1011	—	0.1186	—	0.1369	0.2650	0.5802	0.2882
咸宁	0.0837	0.0821	0.0453	4.2089	0.1247	—	0.2097	0.0237
襄阳	0.0522	0.0614	0.0364	3.6044	0.0453	0.0694	0.0912	0.0972
宜昌	0.1863	0.1651	0.0792	7.8618	0.1065	0.3151	0.1268	0.4087
荆州	0.0430	0.0764	0.2417	1.2846	0.0026	0.1094	0.1143	0.1653
荆门	0.0453	0.0865	0.1811	1.0281	0.1144	0.1009	0.1156	0.2246
长沙	0.1417	0.1941	0.1455	7.5989	0.2408	0.3645	0.2561	0.3983
株洲	0.0928	0.1461	0.0798	0.0001	0.0821	0.0773	0.1816	0.1279
湘潭	0.2601	0.1882	0.1440	0.0001	0.4592	0.1081	0.2679	0.4794
岳阳	0.0197	0.0131	0.0175	1.1540	0.0276	0.0757	0.0645	0.0548
益阳	0.0138	0.0142	0.0216	1.8011	0.0729	0.0782	0.0899	0.8437
常德	0.0223	0.0478	0.0210	1.5749	0.0436	0.0956	0.0651	0.1129
娄底	0.2304	0.3096	0.3046	0.0001	0.2866	—	—	—
衡阳	0.0955	0.1825	0.0976	4.3181	0.0931	0.2066	—	0.3382
南昌	0.1921	0.2006	0.1845	0.0002	0.3113	0.3743	0.4193	0.4089
九江	0.0505	0.0987	0.0821	0.0002	0.5182	0.5675	0.8358	0.6545
景德镇	0.0259	0.0423	—	—	0.2673	0.3015	0.1434	0.1264
鹰潭	1.2232	1.0077	0.6315	0.0012	1.3506	0.7966	0.8542	0.4112
上饶	0.0219	0.1556	0.4212	4.4963	1.8324	1.3015	1.0639	1.9113

续表

地区	2007 年	2008 年	2009 年	2010 年	2011 年	2012 年	2013 年	2014 年
新余	0.6183	4.0668	2.3974	0.0003	0.5413	0.1914	0.1378	0.2532
抚州	0.3902	0.0091	0.8804	8.2623	0.1838	0.2263	0.3666	0.2307
宜春	0.2058	0.3995	0.2083	9.2451	2.9556	3.9852	4.7110	5.5999
萍乡	0.0259	0.0367	0.0321	6.1824	0.0931	0.1534	0.1809	0.1565
吉安	0.0657	0.1182	0.1921	9.2473	0.7062	0.6915	0.7093	0.8169

资料来源：根据各省国民经济的社会发展公报整理。

（一）城市群贸易贡献率整体呈上升趋势

与 2007 年比较，2014 年大部分城市的贸易贡献都得到很大的提高。在湖北省内，武汉市 2014 年的贸易贡献率为 0.8234，是 2007 年的 2.9 倍，鄂州市 2014 年的增长倍数最大，较 2007 年增加了 23.5 倍，其次是荆门市，增长了 4.9 倍，荆州市增长 3.8 倍，武汉市增长倍数排在第四，在湖北各城市中，咸宁市的贸易贡献率的数值是下降，这说明湖北省在促进外贸发展方面所出台的一系列政策达到了良好的效果。2014 年湖南省各城市贸易贡献率的数值增长最多的为益阳市、常德市、衡阳市，增长的倍数分别为 61、5.1、3.5，长沙市和岳阳市并列第四，增长 2.8 倍。江西省 2014 年贸易贡献率数值与 2007 年比较，除鹰潭市、新余市和抚州市之外，其余的城市都是增加的，增加倍数最多的为上饶市、宜春市和吉安市，增加的倍数分别为 87、27、12.9，南昌市仅增加 2.1 倍。

（二）省会城市贸易贡献率不高

对比 2007～2014 年国际贸易贡献率，我们可以看出三个省会城市武汉市、长沙市、南昌市的贸易贡献率相对于本省其他的城市来说不是最高。2007 年武汉市、长沙市、南昌市的国际贸易贡献率分别为 0.2286、0.1417、0.1912，与此同时，黄石市、娄底市、鹰潭市的贸易贡献率分别为 0.4377、0.2304、1.2232，比省会城市的贸易贡献率要高。2014 年武汉市、长沙市与南昌市的国际贸易贡献率都有所提高，提高到了 0.8234、0.3983、0.4089，但是上饶市的贸易贡献率为 1.9113，宜春市的数值更是达到了 5.5999，是南昌市的 17 倍。相比较起来，省会城市的贸易贡献率水平不高。总体来看，2007～2014 年武汉市贸易贡献率质量都小于 1，并且在这期间黄石市有四年的贸易贡献率在湖北省最高，武汉市仅仅在 2008 年和 2011 年的贡献率居全省第一；长沙市的贸易贡献率的数值除了 2010 年之外，其余年份都小于 0.5；南昌市的贸易贡献率的数值都在 0.5 之下，这对于一个省会城市来说是一个很低的数值。

（三）省内贸易贡献率差异大

不仅各省之间的贸易贡献率差异大，省内各城市之间的贸易贡献率之间存在很大差异。2011 年湖北省贸易贡献率数值最小的是荆州市，数值为 0.0026，数值最大的是武汉市 0.6201，两市之间相差数倍；湖南省贸易贡献率最大的是湘潭市，数值为 0.4592，而岳阳的数值只有 0.0276，差距十分明显。江西省各城市之间的差异在 2010 年达到最大，2010 年宜春市的贸易贡献率达到 9.2451，而新余市的贸易贡献率仅为 0.0003，同时南昌市的贸易贡献率也只有 0.0002。

第二节

长江中游城市群农产品的贸易潜力

一、长江中游城市群农产品出口现状

长江中游城市群处我国腹地，南北兼备和多样性的自然条件使其农业基本资源优势显著。值得注意的是，虽然生产农产品产量大，但是农产品出口规模很小，导致这些地区农产品出口竞争力提速较慢，缺乏国际市场的良性催促，在国际市场上不占有竞争优势。本节提取 2004～2014 年出口数据为样本，三省农产品综合竞争力先后排序为湖北、湖南、江西。

从图 7－1 中可以看出，2004～2014 年三省农产品出口总额整体呈现大幅上涨的趋势，较 2004 年有较大提升。然而 2009 年受到金融危机的影响，湖北省及湖南省农产品出口额出现下滑的趋势。从 2010 年开始，长江中游城市群对外出口额呈现波动态势，但是从整体来看，仍处于增长状态。湖北省农产品出口贸易的发展趋势较为强劲。十年间，湖北省农产品出口额从 2.73 亿美元到 18.97 亿美元。湖北省除在 2009 年出口额小幅下降以后，但在 2010 年以后农产品出口额迅速回暖，是三省中增长最快的省份。可以看出，湖北省的农产品贸易具备较强的抗冲击能力，也是增长幅度最大的省份。

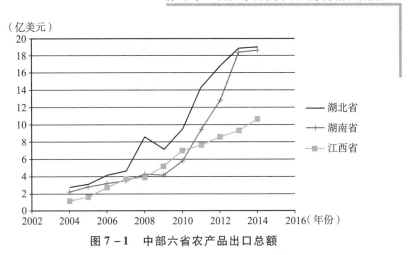

图7-1 中部六省农产品出口总额

湖南省农产品的出口额由2.14亿美元增长到18.65亿美元，2004~2014年这十年间持续增长，尤其是2009~2013年大幅增长，发展态势乐观；同时在受2008年金融危机的影响下，虽然2009年湖南省农产品出口没有下降，但是也出现了增长幅度减缓趋势，总体上湖南农产品出口是呈现增长趋势（见表7-2）。

表7-2　　　　　　　三省农产品出口总额　　　　　单位：亿美元

年份/省份	湖北省	湖南省	江西省
2004	2.73	2.14	1.18
2005	3.11	2.78	1.62
2006	4.1	3.12	2.71
2007	4.68	3.5	3.68
2008	8.55	4.22	3.85
2009	7.19	4.15	5.13
2010	9.58	5.78	6.97
2011	14.31	9.38	7.64

续表

年份/省份	湖北省	湖南省	江西省
2012	16.78	12.8	8.52
2013	18.89	18.41	9.31
2014	18.97	18.65	10.65

注：根据中国农业统计年鉴数据整理计算所得。

江西省农产品出口额由1.18亿美元增长到10.65亿美元，发展平缓，没有较大的增长幅度，发展态势良好。

尽管长江中游城市群农产品贸易规模的逐渐加大，但是贸易平衡情况并不乐观。

由表7-3可以看出，2004～2014年，农产品出口贸易面临的国内外竞争日趋激烈。2008年金融危机后，长江中游城市群农产品贸易也受到了影响，贸易差额较为显著。

表7-3 　　　　　　　　　　三省农产品贸易差额　　　　　　　单位：亿美元

年份	贸易差额	湖北省	湖南省	江西省
2004	出口-进口	1.72	0.97	1.14
2005	出口-进口	1.7	1.15	1.53
2006	出口-进口	2.45	0.86	2.47
2007	出口-进口	2.71	-0.39	3.12
2008	出口-进口	6.5	0.32	3.22
2009	出口-进口	4.72	0.01	4.44
2010	出口-进口	6.88	0.14	6.24
2011	出口-进口	11.2	3.39	6.83
2012	出口-进口	13.49	9.02	7.61
2013	出口-进口	15.01	13.71	7.33
2014	出口-进口	13.82	12.7	8.24

2004～2014 年，湖北省由 2004 年的 1.72 亿美元增加至
2014 年的 13.82 亿美元的贸易顺差，其中 2013 年达到贸易差最
大值 15.01 亿美元。可以看出湖北省农产品出口额增速快，但贸
易规模较小，还具有比较大的贸易发展潜力；再看湖南省由 2004
年的 0.97 亿美元增加到 2014 年的 12.7 亿美元。有着显著的增
长，贸易发展较理想。

2004～2014 年，江西省贸易差额由 2004 年的 1.14 亿美元增加
到 2014 年的 8.24 亿美元，贸易差额缓慢增加，贸易规模小。

二、中部地区出口潜力的 TCD 实证分析

（一）指数介绍

贸易结合度指数（Degree of Trade Combination）是由经济学家
布朗（A. J. Brown，1947）提出的，并经过小岛清（1958）等人
研究和完善。贸易结合度是指一国对某一贸易伙伴国的出口占该
国出口总额的比重，与该贸易伙伴国进口总额占世界进口总额的
比重之比。其数值越大，表明两国在贸易方面的联系越紧密。计
算公式如下：

$$TCD_{ab} = (X_{ab}/X_a)/(M_b/M_w) \tag{7.4}$$

公式中，TCD_{ab} 表示 a 国对 b 国的贸易结合度，X_{ab} 表示 a 国对
b 国的出口额，X_a 表示 a 国出口总额；M_b 表示 b 国进口总额；
M_w 表示世界进口总额。如果 $TCD_{ab} > 1$，表明 a、b 两国在贸易方
面的联系紧密，如果 $TCD_{ab} < 1$，表明 a、b 两国在贸易方面的联
系松散。

（二）中部地区农产品出口贸易的 TCD 指数测算

在上一章中，细致分析了中部地区在国际市场上的竞争力变化趋势。为了进一步判断中部地区农产品出口贸易竞争力，在前文研究基础上，进一步测算中部地区农产品出口贸易潜力。本节公式中，X_{ab} 为各省对世界农产品出口额，X_a 为各省对世界农产品总出口额，M_b 为世界农产品进口额，M_w 代表世界总进口额。

由表 7-4 可以看出，湖北省农产品出口贸易结合度指数大于1，可以看出，湖北农产品出口世界的贸易联系很紧密，值得关注的是 10 年间，湖北省贸易结合度指数呈逐年下降的趋势，湖北省农产品出口贸易结合度指数由 2004 年的 2.05 下降到 2014 年的1.14，说明湖北省出口世界贸易形势较为严峻，趋向松散发展。

表 7-4　　　　　　　　中部六省农产品出口 TCD 指数

年份/省份	湖北 TCD	湖南 TCD	江西 TCD
2004	2.05	1.76	1.51
2005	2.21	2.14	1.82
2006	2.33	2.02	2.30
2007	1.66	1.51	1.92
2008	1.66	1.07	1.10
2009	1.64	1.43	1.46
2010	1.56	1.53	1.34
2011	1.68	1.91	1.02
2012	1.74	2.02	0.83
2013	1.36	2.04	0.54
2014	1.14	1.74	0.53

注：根据《中国农业统计年鉴》及《中国统计年鉴》数据整理计算所得。

湖南省农产品出口贸易结合度指数大于 1，除去 2006～2008 年贸易结合度下降以外，其他年份在逐年增长，这说明湖南省出口农产品未来发展前景良好，与国际市场联系更紧密，与世界依赖程度较高。

江西省农产品出口国际市场的贸易结合度是一个下降的趋势。在 2004～2011 年，江西省农产品出口世界的贸易结合度指数都大于 1，在与国际市场的贸易联系较为紧密，直到 2012 年开始，农产品出口世界贸易结合度指数小于 1，开始迅速下降。这说明江西省农产品出口世界农产品联系逐渐松散。

通过贸易结合度指数（TCD）的分析得出以下结论：从整体来看，湖北省农产品在国际市场贸易结合度较为明显，缓慢下降，但 10 年间贸易联系程度紧密；湖南省农产品在国际市场出口贸易结合度表现出显著优势，并且 10 年保持着与世界贸易联系紧密，贸易结合度最为突出；江西省在国际市场贸易结合度在 2011 年开始由紧密下降到松散。说明长江中游城市群对国际市场依赖度较高。

三、中部地区出口潜力的 HM 实证分析

（一）指数介绍

HM 指数（Hubness Measurement Index）是 2003 年美国学者鲍尔温建立的，用来量化北美自由贸易区各国之间的贸易依赖度。

公式为：
$$HM_a = \frac{E_{ab}}{E_a} \times \left(1 - \frac{X_{ab}}{X_a} \right) \qquad (7.5)$$

其中，表示 a 国到 b 国的出口额，X_{ab} 表示 a 国从 b 国的进口

额，E_a 表示 a 国的出口总额，X_a 表示 a 国的进口总额。HM_a 表示 a 国对 b 国的进出口依赖度，其数值区间为 0 到 1。HM_a 越接近 0，表示 a 国对 b 国的进出口依赖度越低；反之，HM_a 越接近 1，表示 a 国对 b 国的进出口依赖度越高。

（二）中部地区农产品出口潜力的 HM 指数测算

本节公式（7.5）中 X_{ab} 分别为各省农产品出口额，E_a 为各省总出口额，X_{ab} 分别为各省农产品进口额，X_a 为各省总进口额。

由表 7-5 可以看出，湖北省农产品对世界出口的贸易依赖度呈现一个波动起伏的趋势，这 10 年间，贸易依赖度指数最大值为 8.71%，最小值为 5.66%，依赖程度趋势平稳，没有较大的增减幅度。湖南省农产品在对世界的出口中，贸易依赖度由 2004 年的 6.56% 上升到 2014 年的 10.32，这 10 年间，有起有伏，从 2004~2008 年一直处于下降趋势，而从 2009 年湖南省农产品出口国际市场的贸易依赖程度整体上升，2013 年依赖程度最高，且未来 HM 指数不断增大，这反映出湖南省的国际贸易依赖度增长相对稳定。

表 7-5　　　　　　　　中部六省农产品出口 HM 指数　　　　　　单位：%

年份/省份	湖北 HM	湖南 HM	江西 HM
2004	7.83	6.56	5.90
2005	7.19	6.69	6.07
2006	6.74	5.42	6.79
2007	5.66	4.66	6.64
2008	7.30	4.34	4.89
2009	7.36	6.06	6.69

续表

年份/省份	湖北 HM	湖南 HM	江西 HM
2010	6.73	6.17	5.85
2011	7.33	7.99	4.55
2012	8.71	9.95	4.21
2013	8.04	11.86	3.23
2014	6.90	10.32	3.25

注：根据《中国农业统计年鉴》及《中国统计年鉴》数据整理计算所得。

江西省农产品对世界出口贸易依赖度也在这 10 年间时起时落，除了在 2008 年上升到 6.69% 之外都是以趋于 0 的方向发展，贸易依赖度有所下降。

第八章

长江中游城市群与国内
城市群的外贸比较

第一节

城市群贸易规模比较

一、进出口贸易规模比较

图 8-1~图 8-3 分别是四大城市群贸易进出口总额、进口额、出口额的数据;从图 8-1 可以看出,在 2010~2015 年下列四大城市群外贸进出口总额总体是增长趋势。在历年贸易总额中,长三角城市群的数值一直在四大城市群中居于首位,而长江中游城市群外贸发生总额与其他三个城市群之间的差距很大。在 2010 年,长江中游城市群的外贸总额与另外三个城市群总额之间的差距最大,长三角城市群、京津冀、珠三角的外贸总额总额是长江中游城市群的 17.5 倍、7 倍和 12.6 倍,2012年差距仍在扩大,自 2013~2015 年,四大城市群之间的差距逐渐缩小,到 2015 年,长三角城市群、京津冀、珠三角的外贸总

额总额是长江中游城市群的 11.4 倍、4.1 倍、8.7 倍。

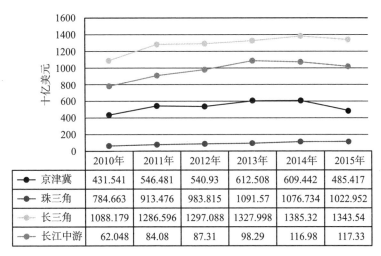

	2010年	2011年	2012年	2013年	2014年	2015年
京津冀	431.541	546.481	540.93	612.508	609.442	485.417
珠三角	784.663	913.476	983.815	1091.57	1076.734	1022.952
长三角	1088.179	1286.596	1297.088	1327.998	1385.32	1343.54
长江中游	62.048	84.08	87.31	98.29	116.98	117.33

图 8 - 1　各城市群贸易进出口总额

资料来源：根据政府工作报告整理。

二、进口贸易比较

从图 8 - 2 可以发现，四大城市群的外贸进口额的增长速度比较缓慢，长江中游城市群进口额在 2010～2015 年增加了 97.033 亿美元，年平均增长率为 1.2%；京津冀、珠三角、长三角贸易进口额分别增加了 45.83 亿美元、47.93 亿美元、174 亿美元，年平均增长率为 2.3%、2.3%、5.2%，但是长江中游城市群的进口额始终没有突破 500 亿美元，不及长三角、珠三角、京津冀三个城市群贸易进口额的 1/10。

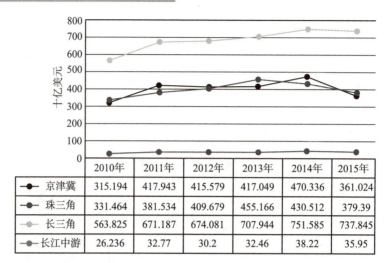

	2010年	2011年	2012年	2013年	2014年	2015年
京津冀	315.194	417.943	415.579	417.049	470.336	361.024
珠三角	331.464	381.534	409.679	455.166	430.512	379.39
长三角	563.825	671.187	674.081	707.944	751.585	737.845
长江中游	26.236	32.77	30.2	32.46	38.22	35.95

图 8-2　各城市群贸易进口总额

资料来源：根据政府工作报告整理。

三、出口贸易规模比较

图 8-3 显示的是四大城市群的贸易出口额的数值。由图可知，在 2010～2015 年，长江中游城市群的外贸出口额逐年增长，到 2015 年的贸易出口额较 2010 年增加了 455.8 亿美元，增长率为 127%，是四个城市群中增长率最高的，京津冀、珠三角、长三角贸易出口额增长率为 10.7%、42%、15.5%；同时，与其他三个城市群比较，长江中游城市群贸易出口额与京津冀的差距最小，在 2013 年，两者贸易出口额之间仅相差 1344.2 亿美元，但是与长三角、珠三角相差有 5700 亿美元。

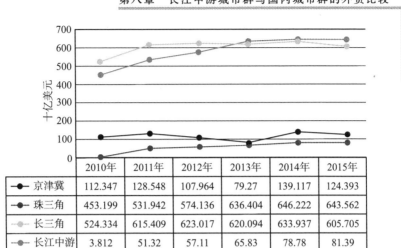

	2010年	2011年	2012年	2013年	2014年	2015年
京津冀	112.347	128.548	107.964	79.27	139.117	124.393
珠三角	453.199	531.942	574.136	636.404	646.222	643.562
长三角	524.334	615.409	623.017	620.094	633.937	605.705
长江中游	3.812	51.32	57.11	65.83	78.78	81.39

图 8 - 3 各城市群贸易出口总额

资料来源：根据政府工作报告整理。

第二节

典型城市贸易规模比较

通过图 8 - 4 的数据我们可以发现，武汉市在长江中游城市群主要城市中的贸易进出口额一直是属于领先水平的，但是与北京、上海、广州等城市比较的规模要小得多。武汉市与广州市贸易规模之间的差距较小，差额大概保持在 1000 亿美元，四个主要城市中，上海市的贸易规模一直都是最大的。

一、武汉市的外贸规模不断扩大

武汉市在 2010 ~ 2015 年贸易进出口额大致保持小幅度的增长状态，2015 年进出口总额较 2010 年增加了 100 亿美元。

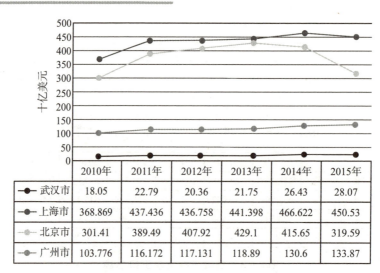

	2010年	2011年	2012年	2013年	2014年	2015年
● 武汉市	18.05	22.79	20.36	21.75	26.43	28.07
● 上海市	368.869	437.436	436.758	441.398	466.622	450.53
○ 北京市	301.41	389.49	407.92	429.1	415.65	319.59
— 广州市	103.776	116.172	117.131	118.89	130.6	133.87

图 8 – 4　主要城市贸易进出口总额

资料来源：根据政府工作报告整理。

二、武汉市与其他三个主要城市贸易规模差距扩大

进出口总额发方面，2010 年武汉市与上海、北京、广州的贸易差额分别为 3508.19 亿美元、2833.6 亿美元、857.26 亿美元；到 2015 年，与上海、北京、广州的贸易额差距扩大到 4224.6 亿美元、2915.2 亿美元、1058 亿美元。

图 8 – 5 为各城市群主要城市的进口总额，由图可知，在四个城市中，武汉市的进口总额是最少的，北京市从 2010～2015 年进口总额排在第一；武汉市 2010 年的贸易进口额为 93 亿美元，到 2015 年增加到 129.2 亿美元，增长率为 39%。上海市、北京市、广州市 2010～2015 年贸易进口额分别增长 35%、8%、46%。2010 年北京市贸易进口额是武汉市的 26 倍，2015 年北京市贸易进口额为武汉市的 20 倍，差距在不断缩小。

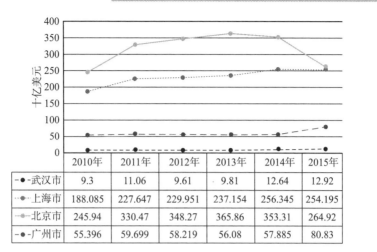

	2010年	2011年	2012年	2013年	2014年	2015年
- ●-武汉市	9.3	11.06	9.61	9.81	12.64	12.92
┈┄-上海市	188.085	227.647	229.951	237.154	256.345	254.195
-○-北京市	245.94	330.47	348.27	365.86	353.31	264.92
-●-广州市	55.396	59.699	58.219	56.08	57.885	80.83

图 8 - 5　主要城市贸易进口总额

资料来源：根据政府工作报告整理。

图 8 - 6 为各主要城市贸易出口总额，由图可知，武汉市的贸易出口额虽然是四个城市中最少的，但是也是最平稳的，大致保

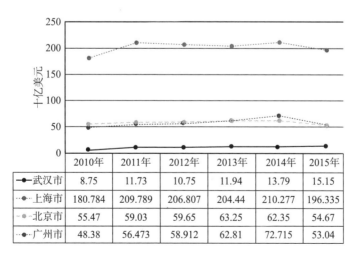

	2010年	2011年	2012年	2013年	2014年	2015年
─●─武汉市	8.75	11.73	10.75	11.94	13.79	15.15
┈●┈上海市	180.784	209.789	206.807	204.44	210.277	196.335
─-北京市	55.47	59.03	59.65	63.25	62.35	54.67
┈┈广州市	48.38	56.473	58.912	62.81	72.715	53.04

图 8 - 6　主要城市贸易出口总额

资料来源：根据政府工作报告整理。

持稳定增长趋势。2015 年武汉市贸易出口额较 2010 年增长了73%，2015 年上海市、广州市较 2010 年分别增长了 8.6%、9.6%。2010 年上海市贸易出口额是武汉市的 21 倍，到 2015 年上海市的贸易出口额是武汉市的 13 倍。

第三节

城市群的贸易贡献率比较

一、城市群间贸易贡献率的比较

长江中游城市群虽作为中国十大城市群之一，但是与京津冀、长三角、珠三角的贸易贡献率质量相比较却是差距明显。2014 年京津冀、长三角、珠三角这三个城市群的国际贸易贡献率质量的平均值分别为 1.5340、1.2603、1.5767，都超过 1，而长江中游城市群的国际贸易贡献率质量的平均值位 0.5638，只是前三个城市群的 1/2。

二、城市群内贸易贡献率的比较

表 8-1 中，就长江中游城市群内部城市之间比较可知，在长江中游城市群内部各城市之间贡献率存在差距。长沙市、武汉市、南昌市三个省会城市只有武汉市的贡献率质量超过了平均值，其中，长沙市的贡献率质量仅为 0.3983，是三个城市中最低。

表 8 - 1　　　　四大城市群国际贸易贡献率质量平均值及

主要城市数值表（2014 年）

城市群	贡献率	城市	贡献率	城市	贡献率	城市	贡献率
长江中游	0.5638	武汉	0.8234	长沙	0.3983	南昌	0.4089
长三角	1.2603	上海	0.9651	南京	1.4773	杭州	1.2784
珠三角	1.5767	广州	0.5144	深圳	0.9635	珠海	4.4179
京津冀	1.5340	北京	1.5059	天津	2.7671		

资料来源：各省国民经济的社会发展公报及统计年鉴整理。

纵向比较来看，长江中游城市群的三个主要城市与长三角、珠三角、京津冀三个城市群的主要城市比较，虽然武汉市是长江中游城市群贸易贡献率质量最高的城市，但是与北京、天津等城市比较起来差距十分明显。例如：南京的数值为 1.4773、杭州为 1.2784、珠海为 4.4179、北京为 1.5059、天津为 2.7671，长江中游城市群各省会城市的数值与这些城市群相比，差距很大。长三角、珠三角、京津冀三个城市群的主要城市的贸易贡献率绝大多数都是在平均值之上且超过 1，其中珠海的贸易贡献率质量为 4.4179，是武汉市的 5.5 倍。

第九章

长江中游城市群物流与
外贸的融合发展

第一节

长江中游城市群物流的发展现状

一、长江沿线省市的基础情况

长江经济带是由沪、苏、浙、皖、赣、鄂、湘、渝、川、云、贵 11 个省市组成的经济圈。如表 9 - 1 所示，长江经济带总体面积约 204.92 万平方千米，约占全国 21.27% 的土地。人口约 5.914 亿人，占全国人口的 42.77%。GDP 为 33.7 万亿元，占全国 GDP 的 45.31%。经济带内三大产业产值均超过全国产值的 40%，其中第二产业产值约 14.45 万亿元，约占全国工业产值的 48.79%，产业优势明显。

表 9 - 1　　　长江经济带人口、面积及经济发展状况（2016 年）

地区	人口（万人）	面积（万平方千米）	GDP（亿元）	第一产业（亿元）	第二产业（亿元）	第三产业（亿元）
长江上游						
重庆	3048	8.23	17740.59	1295.06	7894.56	8533.22
四川	8262	48.14	32934.54	3919.21	13437.29	15545.10
贵州	3555	17.62	11776.73	1846.19	4669.53	5261.01
云南	4771	39.40	14788.42	2195.11	5690.16	6903.15
长江中游						
江西	4592	16.70	18499.00	1905.40	8824.02	7769.58
安徽	6196	13.97	24407.62	2562.80	11813.29	10007.12
湖北	5885	18.59	32665.38	3658.52	14666.76	14340.10
湖南	6822	21.18	31551.37	3565.30	13346.23	14639.84
长江下游						
上海	2420	0.63	28178.65	112.71	8397.24	19668.70
江苏	7999	10.26	77388.28	4101.58	34592.56	38694.14
浙江	5590	10.20	47251.36	1984.56	21215.86	24098.19
长江经济带	59140	204.92	337181.94	27146.44	144547.5	165460.15
全国	138271	963.41	744127.20	63670.70	296236.00	384220.50
比例（%）	42.77	21.27	45.31	42.64	48.79	43.06

　　作为整个长江流域经济水平最高、产业分布最密集的区域，长江经济带在我国经济发展规划方面发挥着关键的战略支撑作用。同时，区域内经济增长率较高，综合实力不容小觑，在全国经济带发展中也起带头示范作用。作为我国率先进行改革开放的新区域和极具对外贸易发展潜能的地区，较之于沿海发达地区和国内其他经济带，长江经济带蕴含独特的地理位置优势和上升空间，不仅有助于东中西地区平稳发展、加速扩大对外开放程度，而

且在世界范围内对内河流域有深远的影响力，在增加自身竞争实力的同时不断扩展辐射范围，已成为世界知名度最高的内河经济带。

长江经济带拥有便利的交通、良好的地理位置：其承东启西，串联东部、中部和西部，与众多贯穿南北的铁路干线衔接，例如，京九、焦柳等铁路干线，使之沟通南北，大面积覆盖我国经济发达地区。地理位置的优势为长江流域带来庞大的市场份额，如开发开放上海浦东新区和三峡工程建设等带来高额的投资需要，加之这一地区集中了一大批高耗能、大运输量、高科技的大型工业企业，而且汇聚了全国各地而来的优质工业人才，吸引了大量的国内外投资者。

二、长江中游省份物流产业的发展现状

物流节点和物流基础设施的建设布局是构建新型物流网络的基础，二者在现代物流发展中分别扮演神经中枢和骨架的角色。因此，研究长江中游城市群物流网络，就必须把经济带内物流节点的运营状况和物流基础设施的构建规划放在首位。

（一）物流产业规模

本书选取各省市 2000 年、2008 年、2016 年的物流产值，并根据当年的人口总数和 GDP 总额测算出人均物流产值和物流占 GDP 比重。结果见表 9 - 2，长江中游城市群物流产值总体呈上涨趋势。2000 年江西、安徽、湖北、湖南的物流占 GDP 分别为比重约 1.05%、0.74%、0.79%、0.88% 左右，其中江西省和安徽省占比较，低于全国物流占 GDP 的比重 0.83%。2008 年四个省份物流占 GDP 均有所上升，比重分别为 2.08%、2.24%、

1.79%、1.66%，但是江西、湖北、湖南仍低于全国物流占 GDP 的比重。2016 年四个省份物流占 GDP 继续上升，比重分别为 4.31%、3.39%、3.97%、4.30%，但所有省份均低于全国物流占 GDP 的比重。

表 9 - 2　　　　　　　长江中游各省市物流产值

地区	2000 年			2008 年			2016 年		
	物流产值（亿）	人均物流产值（元/人）	物流占GDP比重（%）	物流产值（亿）	人均物流产值（元/人）	物流占GDP比重（%）	物流产值（亿）	人均物流产值（元/人）	物流占GDP比重（%）
江西	194.98	424.61	1.05	384.35	837.00	2.08	796.47	1734.47	4.31
安徽	179.85	290.27	0.74	547.41	883.49	2.24	826.9	1334.57	3.39
湖北	256.94	436.60	0.79	584.19	992.68	1.79	1297.48	2204.72	3.97
湖南	277.69	407.05	0.88	523.13	766.83	1.66	1356.56	1988.51	4.30
全国	6161.9	445.64	0.83	16367.6	1183.7	2.20	33058.8	2390.87	4.44

资料来源：历年《中国统计年鉴》。

（二）物流产业投入

长江中游省市近年来对物流业的战略地位非常重视，其物流产业投入主要体部在物流园区的部署上。如表 9 - 3 所示，物流园区包括四种类型：一是区域物流组织型园区，这类园区同所在地域的物流组织和管理匹配。二是商贸型物流园区，其主要为特定区域创造交易平台，配套运输及配送服务。三是贸易运营节点型物流园区，其功能是实现区域规模化转运，为有港口停靠、水路、航空、铁路、公路运输业务的企业提供服务。四是综合型物流园区，其既连接贸易往来，起到运输节点的作用，又给工业企业提供配套支持。

表9-3 　　　　　　　　长江中游主要物流园区

地区	主要物流园区
江西	南昌金润物流中心、鄱阳湖现代物流园、九江城西物流园区
安徽	安徽华源现代物流园、合肥宝湾国际物流中心、马鞍山慈湖高新区港口物流基地、芜湖港朱家桥综合物流园
湖北	武汉空港物流园、武汉江夏综合物流园、武汉非集中型新港物流园、常福物流园、高桥综合物流园、宜昌三峡物流园、襄阳四季青物流园
湖南	一力物流园、金霞现代物流园、怀化狮子岩物流园

资料来源：物流平台—中国物流园区网，http：//www.chinawuliu.com.cn/wlyq/。

在空间分布层面上，长江中游省市物流园区周边聚集了大量的港口、公路、铁路等交通设施。在性质上，既有规模化的大型物流基地，又有服务周到的配送园区。区域内一般汇集了全国性和世界性经营网络以及在供应链管理上竞争力强的物流服务企业，大多是兼具仓储转运、连锁配送、信息服务等配套服务的跨区域、现代化、多功能的供应商。

（三）物流节点城市

在国家级流通节点城市中，如表9-4所示，长江经济带有13个节点型城市，占比约35%，其中南昌、武汉、长沙为中游城市群内城市；在区域级流通节点城市中，长江沿岸有25个节点型城市，占比约39%，其中有7个城市位于中游城市群内。众多的物流节点有助于长江经济带构建新型物流网络，为物流产业集聚打下坚实基础。

表9-4　　　　　　　　　长江沿线流通节点城市

级别	流通节点城市	长江经济带流通节点城市
国家级	北京、天津、石家庄、太原、呼和浩特、沈阳、大连、长春、哈尔滨、上海、南京、苏州、杭州、宁波、合肥、福州、厦门、南昌、济南、青岛、郑州、武汉、长沙、广州、深圳、南宁、海口、重庆、成都、贵阳、昆明、拉萨、西安、兰州、西宁、银川、乌鲁木齐（37个）	上海、南京、苏州、杭州、宁波、合肥、南昌*、武汉*、长沙*、重庆、成都、贵阳、昆明（13个）
区域级	唐山、保定、秦皇岛、邯郸、大同、临汾、包头、呼伦贝尔、鄂尔多斯、锦州、丹东、延边、吉林、牡丹江、大庆、徐州、南通、连云港、无锡、舟山、金华、温州、阜阳、芜湖、泉州、漳州、九江、赣州、潍坊、烟台、临沂、洛阳、商丘、南阳、宜昌、襄阳、荆州、衡阳、娄底、株洲、东莞、佛山、桂林、柳州、钦州、防城港、绵阳、达州、南充、宜宾、遵义、六盘水、曲靖、红河、咸阳、榆林、天水、酒泉、海西、海东、石嘴山、喀什、伊犁、博尔塔拉、巴音郭楞、日喀则（66个）	徐州、南通、连云港、无锡、舟山、金华、温州、阜阳、芜湖、九江*、赣州、宜昌*、襄阳*、荆州*、衡阳*、娄底*、株洲*、绵阳、达州、南充、宜宾、遵义、六盘水、曲靖、红河（25个）

注：数据来源于2016年《全国流通节点城市布局规划》，"＊"表示该城市为长江中游城市群城市。

（四）物流基础设施

物流运输设施和物流运作设施是长江沿线城市现代物流基础设施的主要组成部分，具体表现在交通、仓储和信息等方面。其中，交通设施和仓储设施奠基了物流产业的发展，而信息设施则推动传统物流业走向现代化。在此以运输路线长度、铁路营业里程、内河航道里程、公路里程、机场个数等为例来反映长江中游省份物流基础设施的具体情况（如表9-5所示）。

表 9 - 5　　　　长江中游省份运输路线里程（2016 年）　　单位：万公里

地区	运输路线长度	铁路营业里程	内河航道里程	公路里程	机场个数（个）
江西	17.16	0.40	0.56	16.19	5
安徽	20.75	0.42	0.56	19.76	4
湖北	27.28	0.41	0.84	26.02	6
湖南	25.45	0.47	1.15	23.83	5
合计	90.63	1.71	3.12	85.79	20
全国	494.74	12.40	12.71	469.63	216
比重（%）	18.32	13.80	24.55	18.27	9.26

资料来源：中国国家统计局. 中国统计年鉴（2017）. 统计出版社，2017 - 9.

长江沿线城市在运输路线方面占有很大优势，截至 2016 年底江西、安徽、湖北和湖南四个省份的运输路线长度约 90.63 万公里，达到全国运输路线长度的 18.32%。在铁路里程上，铁路营业里程达到 1.71 万公里，是全国总里程的 18.32%。

内河航道里程合计长度为 3.12 万公里，达到全国内河航运里程总长度的 24.55%。在公路里程构成方面，长江中游城市群总长度达 85.79 万公里，占全国公路运输总长度的比例为 18.27%。当前各城市群已有 20 个机场投入运营，在全国机场拥有量中占 9.26% 的比重。由此可见，长江中游城市拥有分布广阔的运输路线，在内河航运及公路运输上运输范围比其他区域更广，各省市间已经基本形成新型多元化交通运输体系。

第二节

长江中游城市群物流产业集聚程度

一、衡量方法介绍

测定产业集聚水平的方法主要有：行业集中度、区位商系数、空间基尼系数、EG 指数。这里以长江中游四个省为参照衡量物流产业的分布状况，基于区位商系数方法的操作较为简便，并且在产业集聚水平的相关研究中获得普遍认可，所以选用区位商系数对长江中游物流业的集聚水平进行定量测度。

公式如下：

$$LQ_{mn} = \frac{L_{mn}/L_n}{L_m/L} \quad\quad (9.1)$$

其中，

LQ_{mn}：区位商；

L_{mn}：n 地区产业 m 的产业增加值；

L_n：n 地区国内生产总值；

L_m：全国产业 m 的产业增加值；

L：全国的国内生产总值。

目前尚未专门统计物流产业的产业增加值，这里用统计年鉴中与物流产业较为相关的交通运输邮电业的增加值来替代物流产业增加值。

二、衡量结果分析

根据上面介绍的方法，选取 1978 ~ 2016 年中国江西、湖北、湖南、安徽四省交通运输邮电业的增加值计算各省的区位商均值，进而对长江沿岸区域物流产业的集聚水平采取定量测度，分析结果如表 9 - 6 所示。

表 9 - 6 　　　　　　长江中游省份物流产业集聚程度

地区	1978 年	1988 年	1998 年	2008 年	2016 年	集聚程度
江西	0.5901	1.3789	1.4349	1.0763	0.9684	高度集聚
安徽	0.6554	1.2100	1.2052	1.2072	0.7620	低度集聚
湖北	0.5756	0.8135	1.0080	1.0066	0.8934	高度集聚
湖南	0.8127	0.9140	1.2946	0.8838	0.9671	高度集聚

鉴于有关物流产业集聚程度的指标目前没有统一的分级标准，本节将各地区的物流产业集聚程度以 1 为临界点划分为低度集聚和高度集聚。LQ 增加，专业化水平随之提升，流域内各省市物流产业的集聚水平较高。图 9 - 1 ~ 图 9 - 4 描绘了四个省的物流 LQ 指数，总体均呈现上升趋势。其中，从 1978 ~ 2002 年，LQ 指数上升趋势明显，而从 2002 年之后 LQ 指数却有所下降。这使得产业集聚程度线有微弱的倒 "U" 形特征。表 9 - 6 给出了具体的 LQ 指数，2016 年四个省均没有超过 1，说明均是低度集聚地区。与上文的物流基础设施相比较，物流产业集聚较慢，程度较低。

图 9 - 1　江西省物流产业集聚的 LQ 指数

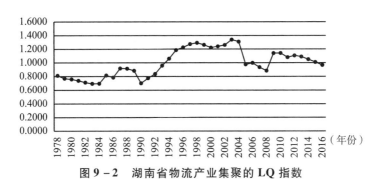

图 9 - 2　湖南省物流产业集聚的 LQ 指数

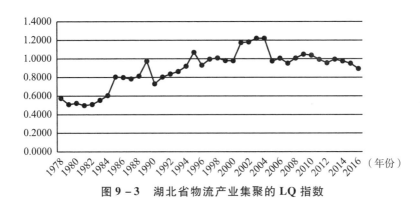

图 9 - 3　湖北省物流产业集聚的 LQ 指数

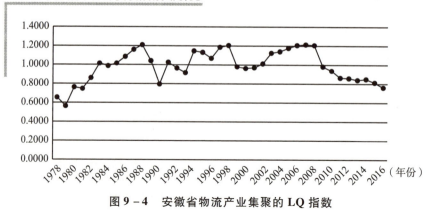

图 9 - 4　安徽省物流产业集聚的 LQ 指数

第三节

长江中游城市群物流对出口的影响

一、城市内物流发展对出口的影响

　　运输业的发展带动了基础设施的建设，同时也促进了运输工具和方式的转型升级，在此基础上，运输成本得以减少，运输效率得以提高。城市内部运输效率的提升可以有效促进当地贸易畅通，为经济增长注入活力，也对社会的发展起正向的推进作用。从整体上来看，运输业的便捷程度作为流通效率的一个主要参考标准，流通效率影响经济增长，而国际贸易往来又与经济增长息息相关，因此，要扩大商品出口规模，增加我国出口产品在国际市场中的份额，有必要促进交通运输更加快捷，以加快产品的运转效率。

　　物流园区在特定区域内创造交易平台，为有出口业务的企业提供配套运输及配送服务，有利于多式联运，使出口贸易更加便捷。其既连接贸易往来，起到运输节点的作用，又给出口企业提供配套支持，增强供应链管理的竞争力。

以武汉市为例，2016 年武汉全年物流建设费用达 108.55 亿元，同比上涨 5.39%，其中物流园区内设施建设费用达 15.8 亿元，项目建设完成投资 92.75 亿元，海吉星一期、百利威、维乐、嘉民、恒阳、恒基达鑫、中通、深国际 8 个项目建成投运，多式联运示范工程一期、圆通速递、萃元冷链、新地等 12 个项目相继开工，海吉星、卓尔陆港中心、DHL、安吉等 25 个续建项目顺利推进，不断完善物流产业建设环境。武汉空港物流园、江夏综合物流园等协调了出口产品的转运，提供了专业化的运输及配套服务，节省了出口成本，促进了出口贸易的发展。

如表 9 - 7 所示，2016 年武汉市社会物流总费用与 GDP 的比值同比降低 0.06%，物流运作成本比上年减少，运作速度逐渐变快。其主要原因是武汉市产业结构优化，第三产业在国民经济中的占比增加，带动了物流成本相对较低的第三产业物流需求的增加。港口货物吞吐量同比增长 6.45 个百分点，反映出长江中游黄金水道的利用程度提升，内河航运在大宗物资运输上的优势进一步巩固。同时机场货物吞吐量同比增长 13.35%，反映出航空货运发展较快，时效性强、附加值高的货物物流需求在不断增长。

表 9 - 7　　　2016 年武汉市物流业运行指标统计情况

指标名称	2016 年	同比增长（%）
社会物流总额	30050.33（亿元）	7.28
社会物流总费用	1683.81（亿元）	8.80
物流总费用与 GDP 的比值	14.13（%）	-0.06
物流业增加值	1102.02（亿元）	8.19

续表

指标名称	2016 年	同比增长（％）
物流业增加值占 GDP 比重	9.25（％）	−0.09
社会货运量	49981.81（万吨）	3.73
货物周转量	3082.35（亿吨/公里）	4.42
机场货物吞吐量	17.53（万吨）	13.35
港口货物吞吐量	9000（万吨）	6.45

资料来源：武汉市统计年鉴（2017）。

二、城市间物流对出口的影响

对于大多数地区来讲，物流产业的集聚过程也是区域增长极的演变。物流产业具有较强的产业关联效应，在推动区域内其他产业发展的同时，也吸引着人流、资金流以区域为中心形成集聚。具体来讲，物流产业的规模效应主要表现在降低地区运作成本和提高地区整体效益两个方面。

改革开放、"一带一路"建设等倡议扩大了长江沿岸地区对外开放格局，地区间贸易往来更加畅通，物流产业依托本地优势不断完善，出口贸易也随之增加。优惠的政策和便利的交通设施吸引着大量国际物流企业的进驻，带来了优质的物流人才和先进的管理经验。同时，区域内中小型物流企业凭借本土优势和吸取国际物流企业的成功经验，也不断推动长江中游城市贸易的可持续发展。

当物流产业进入新的发展阶段，出口商品中的物流成本随之减少，出口企业能够获得更多的利润，在国际市场中的出口竞争力随之增强。此外，物流企业可以利用节省的物流成本加强自身建设,提高物流管理水平,引进优质的物流从业人员,增强企业内部的"软实力"。这样有利于企业探索更加先进的物流运营模式,在行业内甚至国际行业中占据一席之地,进而提升出口产品的知名度。

表9-8　　　　武汉至长江经济带主要省市距离及时长

地区	直线距离(公里)	铁路时长(时)	公路时长(时)	航空时长(时)
上海	688.0	4.25	12	1.67
南京	452.5	3.1	8	1.5
杭州	565.8	4.52	7.5	1.33
南昌	261	1.88	4.5	需中转
合肥	316.4	1.95	6	需中转
长沙	278.6	1.3	4	需中转
重庆	759.4	5.82	16	1.58
成都	992.9	8.13	13	2
贵阳	872	4.33	16	1.58
昆明	1312.1	6.38	55	2.08

资料来源:百度地图,铁路客户服务中心,http://www.12306.cn/mormhweb/.

这里依然选取武汉市为参照城市,如表9-8所示,由于铁路和航空运输的发展,武汉至长江流域主要省市的时间被大大缩短,运输效率的提升使区际贸易更加便捷。其中,武汉至昆明直线距离最长,约1312.1公里,公路耗时最长,为55小时,但由于航空运输的发展,运输时间可节省到2.08小时,极大地提高了运输效率,促进了城市间的贸易沟通和商品交换。武汉至南昌直线距离最短,约261公里,铁路耗时最短,为1.88小时,这有利于大宗货物的快速传递。此外,距离武汉较远的重庆、成都、贵阳等地公路运输耗时约 13 小时以上，但如果借助铁路运输，其耗时可减少至 4 ~ 8 小时，借助航空运输则更为便捷，其耗时约 1 ~ 2 小时，区际贸易的便利程度得以提升。

第四节

长江中游城市群物流产业集聚对出口的影响：实证分析

一、模型构建与数据说明

为了从物流集群效应角度研究我国长江中游城市群物流集聚对出口产品规模的作用，本节拟构建出口总额（EXPORT）因变量，地区生产总值（GDP），外商直接投资（FDI）以及区位熵（LQ）为自变量的面板估计模型。本节采用的样本范围为 2001 ~ 2016 年，出口总额、外商投资数据源自《中国统计年鉴》。LQ 中，交通运输邮电业的增加值数据来源于《中国城市统计年鉴》。各关键变量的描述性统计参考表 9 - 9。我们分别用长江经济带和长江中游城市群的数据进行实证分析，其原因在于长江经济带这个大区域的物流也影响着长江中游城市的出口。

表 9 - 9 　　　　　　　　各关键变量的描述性统计

变量	lnEXPORT	lnFDI	lnLQ	lnGDP
观测指数	176	176	176	176
均值	4.504	3.061	1.042	2.213
标准差	1.718	2.362	0.305	0.899
中值	4.465	3.065	1.01	2.25

续表

变量	lnEXPORT	lnFDI	lnLQ	lnGDP
最大值	7.7	7.21	2.29	4.27
最小值	0.98	-1.28	0.47	0.04
偏度	0.206	0.143	1.774	-0.104
峰度	2.111	1.839	8.046	2.451
Jarque - Bera 检验	7.039	10.476	279.087	2.525

根据以上因变量和自变量分析，本节将实证分析模型设定如下：

$$\text{lnEXPORT}_{it} = \text{lnGDP}_{it} + \text{lnFDI}_{it} + \text{lnLQ}_{it} + \gamma \qquad (9.2)$$

二、单位根检验

为了避免虚假回归情况的产生，获得准确和可靠的分析结果，在面板模型回归估计过程中有必要将单位根检验放在首位，即验证各面板序列的平稳性。本节采用 Summary 方法检验各序列，验证结果参考表 9-10：

表 9-10　　　　　　各变量的单位根检验结果

变量	LLC	IPS	ADF - Fisher	PP - Fisher	结论
lnEXPORT	-7.25739 (0.0000)	-2.07310 (0.0191)	38.1953 (0.0174)	81.0523 (0.0000)	平稳
lnFDI	-7.95842 (0.0000)	-4.55205 (0.0000)	65.0709 (0.0000)	98.9344 (0.0000)	平稳

续表

变量	LLC	IPS	ADF – Fisher	PP – Fisher	结论
lnDLQ	– 1. 97250 （0. 0243）	– 0. 22893 （0. 4095）	19. 8605 （0. 5918）	22. 6199 （0. 4234）	不平稳
lnGDP	– 4. 36332 （0. 0000）	0. 84126 （0. 7999）	18. 2295 （0. 6923）	21. 4102 （0. 4955）	不平稳

注：（1）检验形式是包含截距项，不包含趋势项；（2）检验统计量下括号为 P 值。

由以上检验结果可知，出口总额和外商直接投资的水平值平稳，而 LQ 和 GDP 的水平值不平稳。鉴于协整检验需要各序列间的同阶单整，将所有变量进行一阶差分处理。

如表 9 – 11 所示，各变量 ADF 和 PP 的 P 值均小于 0. 05，经过一阶差分后，LQ 和 GDP 的水平值也保持平稳，这表明所有变量的单位根检验成立。

表 9 – 11　　　　　　　　各变量的一阶差分检验

变量	LLC	IPS	ADF – Fisher	PP – Fisher	结论
DlnEXPORT	– 5. 83536 （0. 0000）	– 5. 16312 （0. 0000）	67. 4694 （0. 0000）	86. 3027 （0. 0000）	平稳
DlnFDI	– 6. 45731 （0. 0000）	– 4. 45518 （0. 0000）	58. 7605 （0. 0000）	56. 3862 （0. 0001）	平稳
DlnLQ	– 12. 5944 （0. 0000）	– 9. 01733 （0. 0000）	106. 679 （0. 0000）	131. 342 （0. 0000）	平稳
DlnGDP	– 4. 91819 （0. 0000）	– 3. 50478 （0. 0002）	46. 2318 （0. 0018）	46. 5988 （0. 0017）	平稳

注：（1）检验形式是包含截距项，不包含趋势项；（2）检验统计量下括号为 P 值；（3）D 表示变量的一阶差分。

三、面板协整检验

由于所有变量单位根检验结果均平稳，可运用协整检验来验证变量之间是否存在长期均衡关系。这里选取两种方法进行检验，结果如表 9 - 12 所示：

表 9 - 12　　　　　　　　　各变量间的协整检验

检验方法	统计量	lnEXPORT、lnFDI、lnLQ、lnGDP
Kao 检验	ADF	- 5.1373 (0.0000) ***
Pedroni 检验	Panel v	- 0.2519 (0.5994)
	Panel rho	0.8197 (0.7938)
	Panel PP	- 3.1157 (0.0009) ***
	Panel ADF	- 4.6234 (0.0000) ***
Pedroni 检验	Group rho	2.6113 (0.9955)
	Group PP	- 5.0937 (0.0000) ***
	Group ADF	- 4.3554 (0.0000) ***

注：（1）Kao 检验的滞后期由 Schwar 准则自动选择；（2）括号内统计量为 P 值；（3）***、**、* 分别表示在 1%、5% 和 10% 显著性水平下拒绝不存在协整关系的原假设。

以上检验结果表明：Kao 检验中 ADF 值证实所有变量在 1% 置信水平下拒绝不存在协整关系的原假设。Pedroni 检验中 Panel PP、Panel ADF、Group PP、Group ADF 是在 1% 显著性水平下拒绝不存在协整关系的原假设，说明出口总额、外商直接投资、LQ、GDP 之间存在长期均衡关系。

四、长江经济带的面板回归分析

以上协整检验结果表明各变量之间存在长期均衡关系，所以面板回归估计可以持续进行。为了确定面板回归模型的有效形式，本节对面板模型采取了 Hausman 检验，并将解释变量 lnFDI，lnGDP，lnLQ 分别滞后一期，建立以下模型：

模型 2：

$$lnEXPORT_{it} = lnGDP_{it} + lnFDI_{it} + lnLQ_{it}$$
$$+ lnFDI_{it} - 1 + \gamma \qquad (9.3)$$

模型 3：

$$lnEXPORT_{it} = lnGDP_{it} + lnFDI_{it} + lnLQ_{it}$$
$$+ lnGDP_{it} - 1 + \gamma \qquad (9.4)$$

模型 4：

$$lnEXPORT_{it} = lnGDP_{it} + lnFDI_{it} + lnLQ_{it}$$
$$+ lnLQ_{it} - 1 + \gamma \qquad (9.5)$$

检验结果如表 9 – 13 所示：

表 9 – 13　　　　　　　　Hausman 检验结果

	Hausman 检验		结论
	Chi – Sq 统计量	P 值	
模型 1	11.8757	0.0078	不变系数的固定效应模型
模型 2	30.4027	0.0000	不变系数的固定效应模型
模型 3	12.4171	0.0145	不变系数的固定效应模型
模型 4	10.6992	0.0302	不变系数的固定效应模型

根据 Hausman 检验结果，面板数据分析应选用固定效应模型进行回归估计，分析结果如表 9 – 14 所示。

表 9 - 14　　　　　　　　　　面板回归估计

系数	模型 1	模型 2	模型 3	模型 4
C	1.4976 (0.0000)***	1.4634 (0.0000)***	1.2605 (0.0000)***	1.4183 (0.0000)***
FDI	0.2462 (0.0000)***	0.3290 (0.0000)***	0.2302 (0.0000)***	0.2571 (0.0000)***
GDP	0.9940 (0.0000)***	1.009 (0.0000)***	2.4111 (0.0000)***	0.9784 (0.0000)***
LQ	0.0508 (0.5421)	0.0612 (0.4887)	0.0758 (0.3769)	- 0.1561 (0.2373)
FDI (- 1)		- 0.0906 (0.1985)		
GDP (- 1)			- 1.3845 (0.0009)***	
LQ (- 1)				0.2848 (0.0270)**
R^2	0.9842	0.9831	0.9842	0.9835
调整后 R^2	0.9829	0.9816	0.9827	0.9820
DW	1.0623	1.0510	1.1105	1.0534
Observations	176	165	165	165

注：（1）括号内统计量为 P 值；（2）***、**、* 分别表示在 1%、5% 和 10% 显著性水平下拒绝不存在协整关系的原假设。

表 9 - 14 为长江经济带数据进行面板回归结果，各模型的整体拟合度较好，各变量对长江经济带出口的影响如下：

第一，外商直接投资对出口有正向影响，但影响不显著。滞后一期的外商投资的 P 值为 0.1985，这一结果表明原假设不成立。大量海外投资虽然促进了出口的发展，但出口产品在技术含量、附加值、品牌等方面竞争优势微弱,出口的质量和规模都受到限制。

第二,地区生产总值对出口有显著的正向影响。滞后一期的GDP的P值为0.0009,这一结果表明GDP的增加能够有效增多出口贸易的成交量。GDP真实反映了地区的经济发展水平,经济增长有利于提升出口产品的质量,降低出口成本,扩大产品出口量,进而提高出口效益。

第三,物流产业集群对出口的影响较为明显。滞后一期的LQ的P值为0.027,这一结果表明物流产业的集聚能够带动出口企业的快速成长。物流集群有助于促进区域间的贸易往来,减少运输成本,提高运输效率,形成区域化的竞争优势。同时,物流集群也加强了企业间的交流与合作,技术、人才、信息的交换推动了出口产品的创新,在国际市场中,高技术、高附加值的出口产品数量不断增加,出口竞争力也越来越强。

五、长江中游城市的面板回归分析

将长江中游城市群数据单独放到式(9.3)～(9.5)中进行回归,结果如表9-15。

表9-15　　　　　　　　面板回归估计

系数	模型5	模型6	模型7
FDI	0.5739 (0.0000)***	0.4337 (0.0000)***	0.5838 (0.0000)***
GDP	0.6740 (0.0000)***	0.6176 (0.0000)***	1.6015 (0.0264)***

续表

系数	模型 5	模型 6	模型 7
LQ	0.8959 （0.0000）***	0.0892 （0.0000）***	0.7549 （0.0000）***
FDI（-1）		0.1881 （0.1523）	
GDP（-1）			-0.9350 （0.1824）
LQ（-1）			
R^2	0.9300	0.9831	0.9261
调整后 R^2	0.9278	0.9816	0.9222
DW	1.0067	1.0510	1.0270
Observations	64	60	60

注：（1）括号内统计量为 P 值；（2）***、**、*分别表示在 1%、5% 和 10% 显著性水平下拒绝不存在协整关系的原假设。

由表 9-15 中模型 5、模型 6 和模型 7 的结果中 LQ 的系统均为正数且显著，由此可以推断，长江中游城市群物流集群对于出口的影响为正向，说明物流集聚确实对于地区的出口规模有较大的促进作用。

第十章

长江中游城市群外向型经济与环境的协调发展

第一节

长江中游城市群环境污染的现状

长江经济带作为我国新时代三大发展战略之一，它为我国东部的南部的沿海地区注入了活力，也被称之为未来"中国经济脊梁"。长江沿岸分布着 40 多万家的化工、钢铁、炼油厂等污染企业，另外也有众多的石油化工基地。许多企业由于任意排放工业废水，工业污染十分严重，而我国的环境监测水平较低，很多污染物没有经过处理就排入长江流域，这使长江正遭受着非常大的污染，其所承受能力已经达到极限。

一、水污染现状

大量研究表明，长江的 600 公里海岸已经受到 300 种有毒污染物的污染，而且汞和镉的严重超标，部分的河流和湖中的绿草越来越严重。江河水质在 3~4 级，另外江苏省长江水质已经下降到三级。沿江 8 个城市污水排放量，大约占江苏全省总量的 80%，排污口高达 130 条①。

如图 10-1 所示，自 2003 年以来，长江沿江省市工业废水基本处于下降的趋势，2003~2016 年，2005 年的工业废水排放量达到了 112.7 亿吨，达到 14 年的最新高。2015 年工业废水排放总量为 88.84 亿吨，与 2005 年相比，长江沿江省市工业废水下降了大约 24 亿吨。

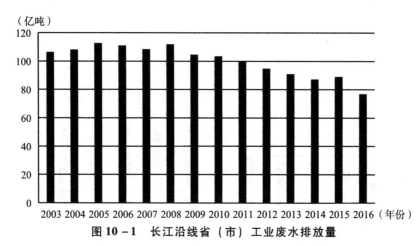

图 10-1　长江沿线省（市）工业废水排放量

资料来源：由 2003~2016 年的长江沿线各省（市）的统计年鉴整理所得。

二、大气污染现状

长江分布了很多污染企业，大约 200 公里的地区之间，约有 100 家化工企业②。这些化工企业对于环境的污染是巨大的，排放

---

① 王尔德．"长江必须要有一个强力的机构来管理"［N］.21 世纪经济报道，2014-03-18（023）.

② 张厚明，秦海林．长江经济带水源地摸排基本完成［EB/OL］.http：//news. cbg. cn/hotnews/2016/1031/5538331. shtml，2016-10-31.

大量工业废气，如 CO_2、SO_2 等。2005~2015 年，长江工业废气排放量持续增长，2015 年工业废气排放量达到 24.46 万亿立方米，二氧化硫为 551.9 万吨，工业粉尘的排放总量达到 381 万吨。大气污染问题越来越严重，与之相对应的便是雾霾天气，长江沿岸地区已成为我国出现雾霾天气日数最多的地区之一了。

图 10-2 所示，2005~2015 年，工业废气排放总量不断上升，虽然 2008 年、2012 年、2015 年这三年略有下降，但是总体上是不断增高的，2015 年工业废气排放量达到 244641 亿立方米，较之 2014 年相比，下降了 6785 亿立方米。

（千亿立方米）

图 10-2　长江沿线省（市）工业废气排放总量

资料来源：由 2003~2016 年的长江沿线各省（市）的统计年鉴整理所得。

如图 10-3 所示，2003~2016 年工业 SO_2 排放量正在下降，2003 年全年工业 SO_2 排放量 852.27 万吨，2015 年下降至 4.0535 亿吨，下降约 447 万吨，14 年间，工业 SO_2 排放量在 2006 年达到顶点，排放量 974 万吨，与工业粉尘排放量相比，工业 SO_2 相对受到控制。在 2003~2016 年间，工业粉尘排放总量虽然增幅不大，但从 2003 年的 354.72 万吨减少到 2016 年的 274 万吨，减少了 80 万吨左右，2010 年工业粉尘排放量最低，为 247 万吨。

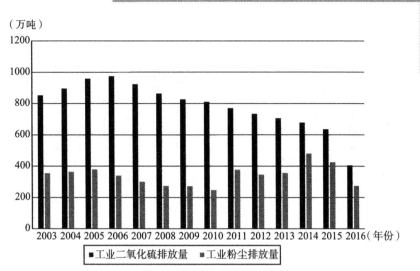

（万吨）

图 10 - 3　长江沿线省（市）工业二氧化硫排放量和工业粉尘排放量

资料来源：由 2003 ~ 2016 年的长江沿线各省（市）的统计年鉴整理所得。

三、固体废弃物污染现状

长江沿岸地区大约有十万余家重化工企业，由于水污染、空气污染等产生大量的固体废物，这些固体废物的排放量存放在长江沿岸，由于降雨等方式，一些未经处理的废物将会流入河流和湖泊。因此，我们需要对固体废气物的污染产生警觉，以防污染扩散。

如图 10 - 4 所示，2003 ~ 2016 年的工业固体废弃物产生量总体趋于上升，2013 年达到最顶峰，工业固体废弃物产生量为98055 万吨，接下来的几年，有所下降，2016 年的产生量为91407 万吨，较 2003 年的产生量增加了 54635 万吨。

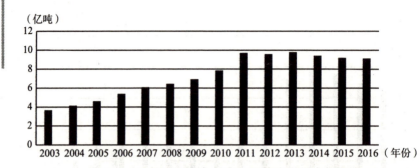

图 10 - 4　长江沿线省（市）固体废弃物产生量

资料来源：由 2003～2016 年的长江沿线各省（市）的统计年鉴整理所得。

第二节

外资对环境影响的理论分析

大多学者将外资的环境效应分为 3 种：规模效应、技术效应、结构效应。因此，本节沿袭这一思路，外资对长江中游城市群环境影响的作用也从这三方面进行分析和讨论。

一、理论模型构建

考佩兰德和泰勒（Copeland and Taylor，2003）提出，FDI 有三种途径影响东道国的环境，分别是规模效应（β_{it}）、技术效应（λ_{it}）、结构效应（π_{it}），即 $P_{it} = \beta_{it} * \lambda_{it} * \pi_{it}$，$P_{it}$ 为环境污染排放水平。目前，经济水平不断提高，大多学者的研究中，对于技术的重视也不断提高。本节运用罗默（Paul M. Romer，1990）和格罗斯曼（Grossman）、霍尔普曼（Helpman，1991）和阿吉翁（Aghion）、霍威特（Howitt，1992）提出的基础技术方面进步的内生增长理论模型，此理论深入探讨了劳动、资本、技术三者的关系。本节通过用 FDI 表示规模效应；工业污染治理额（IPT）和专利申请数量（PAA）用来表示技术效应（表 10 - 1）；INT（第二产业占 GDP 比重）用来表示结构效应；人均收入水平（GDP）和人口密度（PDE）作为控制变量，所以也将其引入函数。

$$\lambda_{it} = f(IPT, PAA) \tag{10.1}$$

将（10.1）代入考佩兰德和泰勒（2003）所提出的模型中，得出本节模型

$$P_{it} = fFDI * fINT * f(IPT, PAA) \tag{10.2}$$

表 10 - 1　　　　　　　　　FDI 的环境效应

效应分类	被解释变量	被解释变量中文释义
规模效应	FDI	外商直接投资
技术效应	IPT	工业污染治理额
	PAA	专利申请数量
结构效应	INT	第二产业占 GDP 比重

规模效应、技术效应、结构效应不是割裂的，而是相互联系，相互影响，从而构成总效应。它们既有如"污染避难所"假说的消极影响，又有如"污染光晕"效应的积极影响。

二、外商直接投资规模效应对环境的影响

规模效应是指外商直接投资规模扩大后对环境的影响，既有积极影响也有消极影响。

（一）外商直接投资规模效应对环境的积极影响

一方面，2016 年外资已达到 1306.94 亿美元，人民的生活水

平不断提高，人民的收入得以增加，对环境的要求也不断提高，到2016年为止，投入到治理污染已达到322.25亿元。在经济全球化的背景下，中国积极参与国际贸易，外商投资在东道国扩大企业的数量，直接为当地提供大量就业机会，从而提高当地居民的收入水平。随着环保意识的增强，人们愿意支付更多，购买更多环保产品，花更多钱改善环境，环境对于人民生活来说非常重要，这种情势将对政府构成一定的压力，将鼓励政府增加资本，加大对污染排放的治理。据此，政府制定相关的政策和法规，提高企业进入东道国所需的标准，提高环境治理技术的水平，从而使环境质量得以提升。

另一方面，外资规模的影响表明，由于政府实力增强，政府可以更多地去管理环境，增加东道国的经济发展水平。政府的财力也相应地增加，从而拿出更多地资金进行环境建设保护，建立多种专项资金等进行环境治理，工业污染治理额也不断增加。近年来我国长江沿线省市环境污染治理投入情况如图10-5所示。

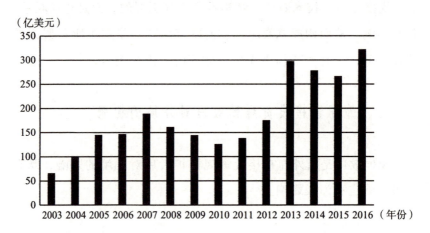

图10-5 长江沿线省（市）的工业污染治理总额

资料来源：由2003～2016年的长江沿线省（市）的统计年鉴整理所得。

2008～2016 年，我国环境投入到污染治理额度总体上升。2016 年我国长江各省市用于治理环境的的投资额为 322.2469 亿元，大约是 2008 年的 2 倍。从各省市看，上海、江苏、浙江的环境治理投资额排名前三，江苏省的环境治理投资额排名第一，重庆则排在最后。而从地区的分布上来看，东部地区由于环境污染造成的投资区域差异大于中西部地区。

（二）外商直接投资规模效应对环境的消极影响

根据 1955 年，西蒙·库兹涅茨（Simon Kuznets）提出环境库兹涅茨曲线（EKC），如图 10 - 6 所示，它描述了经济与环境之间的关系，横轴表示人均 GDP，纵轴表示环境污染水平，在经济发展最初的阶段，环境问题不断加剧，当经济水平到达了一定程度时，环境污染程度也达到了最高峰。经众多学者的研究，不同的国家，不同的发展水平，达到的临界点也会不同。

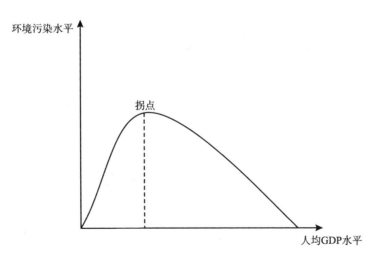

图 10 - 6 环境库兹涅茨曲线（EKC）

大多数的发展中国家都只是处于 EKC 曲线的初期，距离拐点还有相当长的距离，随着经济规模的不断扩大，势必会造成环境污染的加剧，在到达拐点之前，并不能改善环境，即使到达了拐点，后期也要弥补之前对环境造成的污染。因此，FDI 与规模效应的关系是负相关，即外商直接投资导致环境质量方面的下降。

针对我国，许多学者认为外资规模效应并未显示出在环境改善方面的积极作用。这是因为，外资的增加，使得经济规模扩大，但空气污染、水污染、固体废物污染等情况也是如此，排放量也增加了。FDI 会增加环境的外部性，而且是负的外部性，形成外部成本。此外，外商直接投资会导致城市化进程不断加深。由于城市具有非常强大的魅力，所以吸引着周边地区的农村人口涌入城市，远远超过了城市所能承受的人口的能力，故而也遭遇了许多环境问题。另外，由于城市化进程的加快，导致城市的第二、第三产业发达，例如，煤炭、钢铁等重工业的产业，对城市造成了大量的污染。

三、外商直接投资技术效应对环境的影响

技术效应是指外资对东道国技术方面的影响会作用于环境，其影响包括：

（一）外商直接投资会促进技术在东道国的传播

目前 FDI 在我国进行投资时，投资的科技含量越来越高，以满足大众的需要，由于环境的限制，对于企业会造成一种压力，在这种压力之下，企业一定也会相应地提高自己技术水平，淘汰了落后的设备等，外商直接投资的企业无形中可能会起到一种积

极的促进作用。跨国公司在当地就业的流动也是一条重要途径，那些跨国公司接受培训的人将流向当地公司，宣传跨国公司掌握的技术。外商直接投资通过技术溢出和扩散效应推动当地企业技术进步，促进国内企业生产方式的转变，促进各行业技术创新，提高技术水平和行业整体效率。

（二）外商直接投资会推动清洁技术的开发

外商拥有较高的技术，对东道国当地环境会有积极的作用。跨国公司需要通过环境友好型认证等自愿性环境管理标准，所以跨国公司也为了当地企业树立了榜样，并为促进环境质量改善发挥了主导作用，有利于推广绿色清洁生产方式，利用资源减少能源消耗，减少传统生产方式的污染，提高环境的质量。

（三）过时技术的转移会危胁环境

如果技术引入国，其自身辨别技术的能力、法律法规政策的不完善等，会对环境产生负面的影响。发达国家，为了降低成本，有时会将过时的设备和有害技术转移到环境门槛低的发展中国家，从而引发了更严重的环境问题。消耗更多资源的产业被发达国家转移到发展中国家，因而施加了环境压力对于发展中国家。

四、外商直接投资结构效应对环境的影响

外商直接投资的结构效应是指东道国的环境将受到 FDI 的产业结构和地区分布的影响。

（一）外商直接投资结构效应对环境的积极影响

外资正逐渐向第三产业转移，服务业相比于制造业，生产资源的消耗和生产性排放量比较少，而且不会集中地对环境造成一定的压力。可见，投资结构也会影响到环境。2017 年，制造业实际利用外资达到 335 亿美元，与去年相比下降了 5.6%，而服务业实际利用外资达到 950 亿美元左右，与去年相比增长了 7.5%。

（二）外商直接投资结构效应对环境的消极影响

如果外商企业投资的受污染的企业较多，那么该国受污染行业的数量增加，尽管外资服务业投资增速加快，但外资在工业的比重依然较高，也会使得环境产生负面影响。由于我国环境水平相对较低，发达国家企业可以降低环境成本，在一定程度上，把我国当做"污染保护区"。

第三节

外资对环境影响的实证分析

长江沿岸地区引进 FDI 是促进了经济的快速发展，但是经济发展的同时环境污染也十分严重。通过第二节的理论分析，外资对环境既有积极影响也有消极影响。那么长江各省市引进 FDI 是否存在环境效应呢？是正向还是负向的呢？本章拟通过面板数据模型来揭示两者之间的相关关系，实证检验 FDI 环境效应的存在性。

一、模型构建与变量解释

依据公式（10.2），将各变量取自然对数，得出以下模型：

$$\ln P_{it} = A_1 \ln FDI_{it} + A_2 \ln INT_{it} + A_3 \ln IPT_{it} + A_4 \ln PAA_{it}$$

$$+ A_5 \ln PDE_{it} + A_6 \ln GDP_{it} + 1 \qquad (10.3)$$

在式（10.3）中，所涉及的变量为长江11省（市）在2003～2016年的数据，主要如下：环境污染排放水平、外商直接投资、第二产业占GDP比重、工业污染治理额、专利申请数量、人均收入水平、人口密度。具体变量说明如下，（1）$\ln P_{it}$ 依次为工业废水排放量（IW）、工业二氧化硫排放量（ISO_2）、工业固体废弃物（ISW）、工业烟尘排放量（IST）；（2）外商直接投资（FDI_{it}）：长江9省2市的实际外商投资金额；（3）经济结构（INT）：用第二产业占GDP的比重来反映；（4）工业污染治理额（IPT_{it}），投入到工业污染治理的金额；（5）专利申请数量（PAA_{it}），专利申请件数；（6）人口密度（PDE_{it}），每平方公里的人数；（7）人均收入（GDP_{it}）用GDP除以年末城市总人数体现。各变量的描述性统计见表10-2。

表10-2　　　　　　　　各关键变量的描述性统计

	lnIW	lnISO$_2$	lnISW	lnIST	lnFDI	lnINT	lnIPT	lnPAA	lnPDE	lnGDP
均值	11.174	4.180	8.624	3.324	3.602	8.598	11.720	10.090	-3.284	10.102
中位数	11.171	4.163	8.696	3.387	4.053	8.679	11.728	10.086	-3.458	10.1979
最大值	12.599	4.987	9.760	4.458	5.879	10.452	13.524	13.146	-0.960	11.666
最小值	9.366	2.004	7.197	2.073	-0.579	6.361	9.124	7.124	-4.490	8.216
标准差	0.726	0.455	0.621	0.489	1.469	0.872	0.786	1.439	0.859	0.781

续表

	lnIW	lnISO$_2$	lnISW	lnIST	lnFDI	lnINT	lnIPT	lnPAA	lnPDE	lnGDP
偏度	-0.212	-1.054	-0.325	-0.363	-0.871	-0.220	-0.102	0.074	1.291	-0.169
峰度	2.871	6.055	2.131	3.038	3.059	2.511	3.254	2.246	4.549	2.229
Jarque-Bera	1.262	88.487	7.560	3.406	19.51	2.773	0.689	3.783	58.194	4.546

二、实证结果及检验

(一) 单位根检验

本节采用 summary 方法对各变量平衡性进行单位根检验，结果见表 10-3。

表 10-3   各变量的单位根检验结果

变量	LLC	ADF	PP	结论
lnIW	-0.798 (0.787)	12.33 (0.950)	10.25 (0.987)	不平稳
lnISO$_2$	10.338 (1.000)	2.534 (1.001)	2.699 (1.001)	不平稳
lnISW	-6.79 (0.000)	41.16 (0.007)	86.86 (0.000)	平稳
lnIST	-3.03 (0.001)	32.39 (0.070)	23.59 (0.368)	不平稳
lnFDI	-5.11 (0.000)	41.29 (0.007)	29. (0.123)	不平稳

续表

变量	LLC	ADF	PP	结论
lnINT	8.2563 (1.000)	1.9150 (1.000)	0.013 (1.000)	不平稳
lnIPT	-4.793 0.000	47.32 0.0013	46.70 0.0016	平稳
lnPAA	17.037 (1.000)	0.2415 (1.000)	0.0165 (1.000)	不平稳
lnPDE	-7.113 (0.000)	73.949 (0.000)	113.80 (0.000)	平稳
lnGDP	15.675 (1.000)	0.793 (1.000)	0.000 (1.000)	不平稳

注：括号中为 p 值。

表 10-4　　　　　　　　各变量的一阶差分检验

变量	LLC	ADF	PP	结论
DlnIW	-7.447 (0.000)	85.58 (0.000)	89.34 (0.000)	平稳
DlnISO$_2$	-1.562 (0.059)	18.492 (0.676)	17.976 (0.707)	平稳
DlnISW	-6.659 (0.000)	67.81 (0.000)	64.68 (0.000)	平稳
DlnIST	9.409 (0.000)	111.53 (0.000)	111.35 (0.000)	平稳
lnFDI	-5.363 (0.000)	54.839 (0.000)	52.232 (0.000)	平稳
lnINT	-4.485 (0.000)	44.062 (0.035)	51.467 (0.000)	平稳

续表

变量	LLC	ADF	PP	结论
lnIPT	-12.474 (0.000)	149.95 (0.000)	160.30 (0.000)	平稳
lnPAA	-3.058 (0.001)	69.105 (0.000)	74.650 (0.000)	平稳
lnPDE	-3.872 (0.000)	33.429 (0.050)	38.191 (0.017)	平稳
lnGDP	-3.058 (0.001)	69.105 (0.000)	74.65 (0.000)	平稳

注：（1）括号中为 P 值；（2）D 表示变量一阶差分。

表 10 - 4 的结果表明，大部分变量在原阶上并不平稳，因此变量进行一阶差分处理，并再次进行单位根检验。表 10 - 3 的结果说明，各变量在一阶上已经实现平稳，可以纳入面板模型进行分析。

（二）面板回归结果分析

表 10 - 5 是回归分析的结果，由表可知，

表 10 - 5 回归模型

系数	（1）IW	（2）ISO$_2$	（3）ISW	（4）IST
截距 c	16.020 (0.000) ***	6.763 (0.000) ***	1.758 (0.057) *	3.484 (0.000) ***
lnFDI	0.288 (0.000) ***	-0.127 (0.033) **	-0.167 (0.010) ***	-0.093 0.082

续表

系数	(1) IW	(2) ISO_2	(3) ISW	(4) IST
lnINT	0.706 (0.002)***	0.372 (0.023)**	1.148 (0.000)***	0.537 (0.003)***
lnIPT	0.121 (0.057)*	0.036 (0.510)	0.038 (0.521)	0.135 (0.007)***
lnPAA	0.132 (0.109)	0.156 (0.030)**	−0.347 (0.000)***	0.141 (0.029)**
lnPDE	0.297 (0.000)***	−0.020 (0.713)	−0.338 (0.000)***	−0.072 (0.145)
lnGDP	−1.363 (0.000)***	−0.718 (0.000)***	−0.045 (0.665)	−0.762 (0.000)***
R^2	0.711	0.508	0.655	0.612
调整 R^2	0.700	0.484	0.641	0.596
样本量	154	154	154	154

注：***、** 和 * 分别表示1%、5%和10%的显著性水平；"（）"内为对应回归系数为 P 值。

（1）IW 的回归方程的拟合优度为 0.711，模型拟合较好。lnFDI 的系数为 0.288，这说明工业废水排放量与 FDI 为正相关，也就是说外资的增加，IW 也会增加。lnIPT 的系数为 0.121，说明长江各省市的 IW 与 IPT 呈正相关。lnINT 的系数为 0.706，说明工业废水与第二产业占 GDP 比重呈正相关。lnGDP 的系数为 −1.363，说明 IW 与 GDP 平呈负相关。lnPDE 的系数为 0.297，说明 IW 与 PDE 呈正相关。lnPAA 的系数为 0.132，说明 IW 与 PAA 呈正相关。

（2）ISO_2 的回归方程的拟合优度为 0.508，模型拟合较好，lnF-DI 的系数为 −0.127，这说明 SO_2 与 FDI 为负相关，也就是说外商直接投资 FDI 的增加，SO_2 会减少。lnIPT 的系数为 0.036，说明长江各省市的 SO_2 与 IPT 呈正相关。lnINT 的系数为 0.372，说明 SO_2 与第二产业占 GDP 比重呈正相关。lnGDP 的系数为 -0.718，说明 SO_2 与GDP 平呈负相关。lnPDE 的系数为 -0.020，说明 SO_2 与 PDE 呈负相关。lnPAA 的系数为 0.156，说明 SO_2 与 PAA 呈正相关。

（3）ISW 的回归方程的拟合优度为 0.655，模型拟合较好，lnF-DI 的系数为 -0.167，这说明长江各省市 ISW 与 FDI 为负相关，也就是说外商直接投资 FDI 的增加，工业固体废弃物排放量会减少。lnIPT 的系数为 0.038，说明长江各省市 ISW 与工业污染治理额呈正相关。lnINT 的系数为 1.148，说明 ISW 与第二产业占 GDP 比重呈正相关。lnGDP 的系数为 -0.045，说明 ISW 与人均收入水平呈负相关。lnPDE 的系数为 -0.338，说明 ISW 与人口密度呈负相关。lnPAA 的系数为 -0.347，说明 ISW 与 PAA 呈负相关。

（4）IST 的回归方程的拟合优度为 0.612，模型拟合较好，lnFDI 的系数为 -0.093，这说明 IST 与 FDI 为负相关，也就是说外商直接投资 FDI 的增加，IST 会减少。lnIPT 的系数为 0.135，说明长江经济带的 IST 与工业污染治理额呈正相关。lnINT 的系数为 0.537，说明 IST 与第二产业占 GDP 比重呈正相关。lnGDP 的系数为 -0.762，说明 IST 与人均收入水平呈负相关。lnPDE 的系数为 -0.072，说明 IST 与人口密度呈负相关。lnPAA 的系数为 0.141，说明 IST 与专利申请书呈正相关。

（三）三种环境效应的检验

（1）外商直接投资的规模效应。只有 IW 与 FDI 呈正相关，FDI 的增加，IW 的增加，而 SO_2、ISW、IST 与 FDI 的关系都是负相关，即随着外商投资到东道国的资金的增加，这三个变量会下降。这说明外资规模的增加、企业的增多，将增加对工业废水的排放，而会减少工业废气、工业废物和工业烟尘的排放。这也证实了外资规模效应既有积极，也有消极的环境影响。

（2）外商直接投资的结构效应。IW、SO_2、ISW、IST 都与第二产业所占 GDP 比重呈正相关，外资在第二产业投资所增加 1 单位，IW 增加 0.706 个单位，SO_2 增加 0.372 个单位，ISW 增加 1.148 个单位，IST 增加 0.537 个单位。原因可能在于外商在长江沿线所投资的大多是第二产业，对于区域内的污染比较严重，这说明，外资对环境的结构效应均为负效应。

（3）外商直接投资的技术效应。一方面，IPT 与 IW、SO_2、ISW、IST 都呈正相关。原因可能在于，污染治理投资额度大，但是对于治理之后的环境保护强度不够大，没有相应地惩罚机制，导致虽然投入了大量的财力，但是可能导致污染状况更严重；PAA 与 IW、ISW、IST 呈正相关，与 SO_2 呈负相关。原因可能在于用于减少的二氧化硫的排放量的申请专利的数量更多并且有效，而对于工业废水、工业固体废弃物、工业烟尘的申专利较少。这说明，我国在环境污染治理和惩罚方面的法律制度仍不完善，而专利等技术创新措施可以帮助改善环境。

三、FDI 与环境的非线性关系

在库兹涅茨提出环境库兹涅茨曲线（EKC）中指出，FDI 与经济增长、环境之间存在着非线性关系。因此，此部分将进一步检验，长江各省市 FDI 与环境之间是否也存在这种非线性关系，建立模型为：

$$\ln IW = A_1 FDI_{it} + A_2 INT_{it} + A_3 IPT_{it} + A_4 PAA_{it} + A_5 PDE_{it}$$

$$+ A_6 GDP_{it} + A_7 (FDI)^2_{it} + \ell \qquad (10.4)$$

$$\ln IW = A_1 FDI_{it} + A_2 INT_{it} + A_3 IPT_{it} + A_4 PAA_{it} + A_5 PDE_{it}$$

$$+ A_6 GDP_{it} + A_7 (GDP)^2 + \ell \qquad (10.5)$$

变量解释：IW 为工业废水排放量、FDI 为长江经济带的实际外商投资金额、INT 为第二产业占 GDP 的比重、IPT 为工业污染治理额、PAA 为专利申请数量、PDE 为人口密度、GDP 为人均收入水平、(GDP)² 为人均收入水平的平方项、(FDI)² 为外商直接投资的平方项。

回归结果见表 10 - 6，在对工业废水 IW 进行回归分析表明，在确定其他因素情况下，lnFDI 的系数为 0.513，说明 FDI 对工业废水排放量是正相关，而 ln(FDI)² 的系数为负，说明 FDI 与 IW 呈现一种倒 "U" 形，即工业废水排放量（IW）随着 FDI 的增加，先增加到达一个顶点之后，开始下降的一种趋势，说明我国长江沿线省市 FDI 与环境的关系与环境库兹涅茨曲线一致；lnGDP 为 1.027，系数为正，说明 GDP 与工业废水为正相关，说明人均收入水平越高环境污染越严重，而 ln(GDP)² 的系数为 - 0.120，系数为负，ln(GDP)² 与 IW 形成一种开口向下的 "U" 形曲线，说明 GDP 的增加，IW 也会增加，当到达一个顶点之后，GDP 上升，IW 开始呈现一种下降的趋势。

表 10 - 6　　　　　　　　　　回归模型

系数	(1) IW	(2) IW
截距 c	15.450 (0.000)***	4.213 (0.499)
lnFDI	0.513 (0.000)***	0.235 (0.001)***

续表

系数	（1） IW	（2） IW
lnIPT	0.104 （0.088）*	0.123 （0.052）*
lnINT	0.854 （0.000）***	0.709 （0.000）***
lnGDP	−1.447 （0.000）***	1.027 （0.412）
lnPDE	0.396 （0.000）***	0.363 （0.000）***
lnPAA	0.212 （0.010）*	0.172 （0.042）*
$\ln(FDI)^2$	−0.060 （0.0000）***	
$\ln(GDP)^2$		−0.120 （0.050）*
R^2	0.738	0.718
调整后 R^2	0.726	0.705
样本数据	154	154

　　注：***、**和*分别表示1%、5%和10%的显著性水平；"（）"内为对应回归系数的稳健标准差。

第十一章

促进长江中游城市群外贸
可持续发展的对策建议

第一节

从战略高度重视长江中游城市群发展

一、强化中部崛起战略意识，确立区域协调发展理念

在中央提出中部地区崛起战略时，从宏观区域类型划分上看，中部地区尚未形成一个完整的经济区，各省还保持着各自传统的或原规划中的经济联系。具体来说，安徽省历来趋向于"长三角"；河南省雄踞中原；湖北省以武汉为中心自成区域；湖南省存在着向"珠三角"靠拢的趋向；江西省则把目光投向"长三角"和"珠三角"。虽然这在一定程度上为四省推进对外开放创造了条件，但削弱了中部地区的区域特色，加大建立次级增长中心和增长极的难度，不利于中部地区城市群的发展壮大和综合竞争力的提升。因此，要把各省发展城市群的思路统一到中部地区崛起战略和《促进中部地区崛起规划》上来，确立区域协调发展

理念，以创新的精神建立健全中部城市群协调发展体制机制，构建完善的政策体系，树立把城市群建成支撑中部地区崛起的核心增长极和促进东西部、带动全国又好又快发展的重要战略区域的理念，为提升中部地区城市群的主体地位和综合竞争力奠定坚实的思想基础。

二、从战略高度重视长江中游城市群发展

加快长江中游经济带发展，需要加快推进工业化、城镇化进程，但是必须认识到从国家宏观战略格局出发，需要的不仅是增加一个重量级经济体，而是要在此区域内有所突破，布置一个集人文、经济、生态和国际性于一体的新型战略高地，落实"五位一体"发展战略，为国家打造一个区域发展的新模式。当然，由于多方面的原因，四省经济联系程度还不高、相互竞争比较多，但这并不妨碍四省求同存异，共同争取把长江中游城市集群上升为国家战略，拓展共同发展空间，提升在全国政治经济社会发展中的话语权。这就需要四省社会各界尽快形成共识，积极推动大范围、宽领域、多层次的协调和合作，联合争取区域规划的编制，联手加快建立区域现代立体化交通体系，积极推进区域间生态环境共保，把四省合作推向一个新阶段。

三、构建促进中部地区城市群协调发展的政策体系

长江中游城市集群的建设和发展必须有章可循、有据可依。湘鄂赣四省应抓住国务院常务会议通过《关于大力实施促进中部地区崛起战略的若干意见》的机遇，共同争取国家发改委组织编

制长江中游城市集群规划,并上报国家批复。2013 年 12 月,四省共同签署《关于推进长江中游城市集群区域合作的协议》标志着四省开始了集群一体化发展,但还需上升到国家层面,争取国家支持。一方面需要从国家层面进行区域协调,建立跨区域、有步骤、有战略的区域合作机制,使中部地区各城市在这个政策体系引领下,实现无缝对接,沿着一体化方向发展,着力全面提升城市群综合竞争力。另一方面需要国家加大投入,积极支持武汉建设国家中心城市,推动武汉、长沙、南昌、合肥等中心城市向高端化、服务化方向发展,促进大中小城市和小城镇合理分工,健全城镇体系。

第二节

完善长江中游城市群发展的机制

按照"政府引导、企业主体、社会参与"的原则,建立制度化、多层次的区域合作机制,是推进城市群建设的重要基础。

一、打破行政壁垒,构建政府协调管理机制

发展长江中游城市群,并使之成为我国又一个新的经济增长极,除了重视与世界、沿海地区联系的同时,还要强化本区域内部省与省、地区与地区之间协作与联合。促进长江中游城市群一体化,提高区域整体竞争力,赢得区域竞争的主动权,并实现中部区域的整体崛起。建立地区高层合作与对话机制,形成中部地区以城市群为依托的区域互动机制和整体发展格局,协调协商以特大中心城市为核心构造长江中游地区双核和多核型的经济区;

从区域整体利益出发，破除地方保护主义，消除政策阻隔，在资源开发、产业规划及产业政策制定等方面体现二者的相互融入和对接。

二、注重发挥民间和非政府组织在区域经济协作上的平台作用

区域经济的协作，除了政府的推动、主导作用外，还应积极发挥民间和非政府组织的自发参与性。各省的科研院所、大专院校的专家学者应以论坛、研讨会、座谈会等形式，对中部崛起、区域间要素合理流动和合理分工、产业结构调整等问题进行调研探讨，提供建议和决策咨询。通过加强科技交流与合作，对各地的科技力量进行重新整合，加快长江中游高新技术产业高地的形成；成立行业协会或商会等民间组织，不仅城市群的企业间跨区域、跨部门、跨行业的联合和协作提供媒介，同时在区域经济协作发展中起到联系、沟通、交流的纽带作用。此外，共同举办各类大型投资贸易会展活动，打响"长江中游城市群"牌，吸引更多的国内外资金、产业、技术、人才跟进。

三、实现资源、信息共享机制

建立统一的大市场格局，清理和废除妨碍市场开放与合作的规章、条例，提高商贸法规、政策措施、收费标准等方面的透明度，进一步消除生产要素自由流通的各种障碍，改善市场环境，降低交易成本，加快形成统一开放、公开透明、竞争有序的市场秩序。实现资源、信息共享机制。积极推进基础设施一体化、产

业发展与布局一体化、生态与环境保护一体化建设，共享交通、金融、科技、土地、信息等资源，并逐步形成中部共识。

第三节

促进区域城市联动发展

长江中游城市集群建设可将"内外四圈"作为一体化建设的重要抓手，并加强与"长三角"和"珠三角"等其他城市群的经济联系，实现城市群内外圈共融。

一、狠抓"内四圈"的建设

"内四圈"，即积极推动武汉城市圈、长株潭城市群、江经济带和环鄱阳湖生态经济区一体化的建设，只有做好内部一体化建设，才能提升内功向外延伸。

（一）增强城市群中心城市的辐射带动力

长江中游城市群要利用自身优势，整合资源，加快交通、通信等基础设施建设，推动区域之间基础设施共建共享，发挥承东启西、贯通南北的区位优势，推进中部地区各城市群一体化发展新局面。四省要采取积极有效措施，大力支持中心城市尤其是省会城市的经济发展，通过"双核"或"多核"式发展，使其辐射范围和对接能力提升到一个新水平，进而带动中部地区崛起。

（二）建立统一的区域市场

目前，四省市场经济不够发达，市场体系落后，应在跨区域合作中，加强市场体系建设，形成统一大市场，同时要坚持市场配置资源的基础性作用。政府发挥作用的重点要放在公共领域，抓好城镇一体化发展的环境建设，要发挥政府的宏观调控职能，积极进行制度创新和体制改革。

二、注重"外四圈"的链接

"外三圈"是指四省边界城市的合作，包括东面的黄冈、黄石、九江和景德镇；南面的株洲、湘潭、萍乡、宜春和新余；西面的宜昌、荆州、常德和岳阳；北面的黄冈、六安、池州、安庆。以口子镇为重要突破口，推进节点城市的无缝链接。为此，要建立城市间的合作模式和发展机制，使城市群内的核心城市、区域中心城市、县级市及小城镇准确定位、合理分工，形成自上而下的分工合作机制。例如，2013 年 6 月湖北省与江西省签署了《关于共同支持九江与黄冈小池滨江新区跨江合作的框架协议》，将湖北的小池作为一个新区纳入九江西洒的发展规划，在产业合作、基础设施建议等方面积极推进一体化，共同打造赣鄂合作新典范。

各区域中心城市要以大城市群为依托，相应地与郑州、武汉、长沙、合肥、南昌、太原这些城市群的核心城市对接，因城制宜，能做大则做大，能做强则做强，能做优则做优，使其带动一方经济的发展。小城市（县级市和县城）不求盲目做大，重点是要有特色产业支撑，走特色化和专业化道路。小城镇建设不在于数量扩张，而在于质量的提高，要以产业产品基地为依托，按照新农村的标准，构建生态型、环保型、宜居型绿色小城镇。在城市群内，促进大中小城市协调发展，逐步实现城市生态化、农村现代化和城乡一体化。

三、加强区域外部市场的对接

长江中游城市的各个省都有自己的地理优势：湖北省坐阵中部核心，湖南省靠近珠三角，江西省对接闽三角，安徽省走向长三角。这些优势，使长江中游城市群拥有发展内陆开放型经济的最佳条件，同时也可以成为全国"承东启西、连南接北"的战略支撑点地位。一方面，各省可以利用各自的地理优势，通过与长三角、珠三角和闽三角的联系，大力发展开放型经济；另一方面，又可以通过"中部崛起"战略，带动西部落后地区的发展。因此，长江中游城市群要利用自身优势，整合资源，加快交通、通信等基础设施建设，促进资金、人才、技术等要素合理流动，引导人口与产业合理布局，全面提高区域合作的广度和深度，承接沿海乃至境外的产业转移和西部地区的产品输出的功能，将长江中游城市群建设成为全国内陆开放型经济的战略高地和示范区。

第四节

开展多方面的产业合作

一、优化产业空间布局，提升区域整体竞争力

长江中游城市群各次区域应着眼于自身要素结构的动态变化，以及由此带来的比较优势的变化；着眼于东部地区制造业向中西

部转移以及由此带来的产业集聚和产业结构高度化的正面效应；按照主体功能区定位建立层次分明、分工合理的产业一体化体系。从空间布局上看，武汉、长沙和南昌应从产业综合型向特色型、领先型转变，以高技术产业和战略性新兴产业为重点，大力发展总部经济和研发中心；宜昌、岳阳、常德、株洲、九江作为次中心城市，应加快产业结构高度化步伐，提升产业竞争优势和辐射带动作用；荆州、益阳等中小城市应围绕中心城市和次中心城市的主导产业，主动承接组装、加工、零配件生产等制造环节；加快形成以汉长昌为核心的现代产业体系，提升制造业的整体竞争力。

二、打造优势产业集群，合力承担产业转移

按照"基础产业协调发展、新兴产业共同发展、支柱产业互补发展"的原则，构建、完善、强化、延伸主要产业链，形成承担产业转移的集群优势，加快推进外来企业尤其是外资企业"落地生根"。一是把产业园区作为承接产业转移的重要载体和平台，因地制宜发展特色产业园区，大力推进毗邻地区之间合作共建产业园区，创新管理体制和运行机制，实现资源整合、联动发展。二是发挥重点产业、骨干企业的带动作用，推进企业跨区域联合、重组，吸引产业链条整体转移和关联产业协同转移，提升产业配套能力，促进专业化分工和社会化协作。三是利用湘鄂赣四省科技、人才和产业优势，集中建设一批具有国内领先水平的开放式、流动性和虚拟化技术创新平台和载体。采取产学研联合攻关方式，突破一批重大关键核心技术和产品。

三、建设世界规模级的先进制造业带

目前，长江中游地区正处于工业化和城镇化"双加速"阶段。要大力发展"三高两低型"（高附加值、高技术含量、高效益、低消耗、低排放）的现代制造业和战略性新兴产业，推动制造业与现代服务业融合发展，同时通过资源整合和产业链重组，构建面向长江中游城市群一体化的电子信息、汽车、钢铁、有色金属、装备制造、石油化工、生物医药等主导优势产业链，促进产业向园区化、集群化、生态化方向发展，把长江中游城市群建设成为世界规模级的先进制造业带。

四、推动长江中游城市群产业分工合作

城市群的实质是经济一体化，要害是产业分工。发展武汉城市圈，要使圈内核心城市加快向"高技术、高加工、高附加值"的大都市产业升级的步伐，将一般传统产业向周边城市转移；高技术产业和研发营销总部向武汉集聚，加工基地向周边布局，形成合理高效的城市分工体系。

一是可以考虑实行产业链重组战略，有效整合产业存量资源，构建面向长江中游城市群的一体化主导优势产业链，促进产业向集群化方向发展。例如，可以考虑以武汉东湖高新区为龙头，构建光电子信息产业集群；依托武汉、南昌、长沙、合肥、景德镇等地汽车工业，建立长江中游城市群汽车产业战略联盟，构建一体化的汽车及零部件产业链；以长沙为龙头，构建工程机械产业集群等，产城融合，催生就业，拉动人口回流。

二是以产业合作和技术创新为主线，着力提升自主创新能力，加快形成创新驱动发展格局。四省可以通过园区共建等方式促进产业合作，建立以产业链为基础的对接机制，共同打造先进制造业和高新技术产业基地。在大力发展战略性新兴产业的同时，应注重各省市专项规划衔接，避免形成同质竞争。武汉、长沙和南昌等城市具有丰富的科教资源，应加强科技资源的整合和共享，探索高校异地共建模式，推进协同创新和人才、技术等要素的自由流动，形成优势互补、制度互动的区域创新体系，使长江中游城市群成为我国创新驱动发展战略的支点。

五、探索长江中游城市集群的金融发展和新融资渠道

四省市应该在金融机构设置、金融工具创新、金融制度建设、金融运行模式等方面加强交流，并实现优势互补、促进四省市金融业和资本市场的共同发展，推动长江中游城市群的金融创新和发展进程，从而快速提高中三角区域的金融实力，达到共赢的目的。此外，资金是长江中游城市集群建设的重要方面，围绕《关于大力实施促进中部地区崛起战略的若干意见》，从以下几个方面突破：

一是四省联合打造一批跨区域的农业现代化、江湖治理、水资源保护重点项目，共同向国家积极申请财政支持和优惠贷款；二是以扩大内需为重点，申报设立千亿元级的长江中游城市集群发展促进基金，由国家和四省共同出资一部分，主要通过证券市场募集。资金重点支持区域重大项目的前期论证与推进，支持跨区域重大问题的研究研讨，支持涉及区域发展的跨区域专项合作，支持共建园区等。

第五节

注重外向型经济与环境的协调

一、注重外资与环境的协调

(一) 优化外资结构，加快产业结构优化升级步伐

发挥长江中游城市群在国内市场的独特区域优势，相互开放内贸市场，构建区域性统一大市场，巩固提升在国内市场的地位。通过构建、完善、强化、延伸主要产业链，加快形成承担产业转移的集群优势，推进外来企业尤其是外资企业"落地生根"。统一部署、规划并出台相关政策引导外资投向高新技术产业、基础设施领域和高端制造环节。互相开放现有外贸公共服务平台，共同应对外贸壁垒和外贸争端，推动城市集群外贸企业建立企业联盟，共同利用技术、品牌、营销网络、会展平台等资源，开拓国际市场。发挥科教人才和特色产业优势，推动企业共同承接大型离岸服务外包业务，打造内陆地区服务外包领军企业集团。鼓励企业共同开发境外经贸合作区，共同发展境外营销网络，共同承揽境外大型工程，共同开发国际市场。

(二) 将外资的技术和环境标准作为引资的硬性要求

技术效应对环境的影响存在着正、负两种效应，也就是说技术效应可能减少，但也会增加环境的污染。如果我国引进的技术水平较为低下，将会导致环境受到污染。在新时代的背景下，长

江中游城市群引入外资时，把外资的技术和环境标准作为引资的一项硬性要求，将把引资标准固定下来，只有当引资企业达到这一要求，才能允许其在我国投资。严格控制高污染、高排放的企业进入长江经济带，注意去粗取精，不能为了眼前的利益而去破坏环境，我们已经从先污染后管理的老方法中学到了很多东西，不能再盲目的求发展。应该建立监督机构，严格把控准入企业的质量水平、环境污染水平等指标，仔细核查，城市群内甚至长江沿岸省市应设立统一标准，各省市不得以自己的标准来准许外商企业的进入，建立了高标准的监督机制，严格控制外商的重污染企业的进入。

（三）提升本地区对外资的消化吸收能力

要充分发挥 FDI 对环境的积极影响，需要注意提高地区对外资规模、本土企业对外资技术的消化吸收能力。一方面，在逐步提高引进外资质量的同时，学习外资的先进技术和经验，从而为提升本地区对外资的消化吸收能力奠定了基础。鼓励外资企业和本土企业联合对清洁型产业的研究，如建立科研机构等，我国可给予其资金、政策上的大力支持，增强其科研的力度，从而推动本地区技术的更新换代、对尖端技术及清洁方法的宣传，以及生产方式的变更都具有积极作用，最终减轻外资对环境的污染。另一方面，由于外资企业的进入，无形之中会加大对长江经济带企业的压力，促进其对清洁、低碳能源的使用。我国企业要在与外资企业的竞争中，更加注重科技的自主研发。2016 年，长江 9 省 2 市申请专利数已经达到 167 万余件，积极引进人才，与国内高校开展合作，从而减轻国内外企业整体对长江的污染问题。

（四）进一步完善环境方面的法律法规

外资对环境的负向效应需要我国相关法律制度的完善。制各省市的环境法规参差不齐，甚至有些省去为了效益，降低标准，引进低质量的企业，加重长江的污染，治理难度较大。所以，长江各省市要想改变这个现状，就需要从统一各地区的法律法规开始，在各省市意识到环境问题严峻性的基础上，加强合作、共同治理。需要健全相关的法律法规，提高外资企业的排放污染的标准。我国的环境准许标准较发达国家相比，准入门槛很低，应参照发达国家制定标准，将环境问题立法，对环境污染严重的企业处以严重惩罚，承担罚款之外也需要负担刑事责任，加大处罚力度，杜绝我国成为发达国家的"污染避难所"。另外，实行环境的有偿制度，也能在一定程度上减少外资的负向效应。对于高污染的企业采取征收高附加税，来减少私人成本和社会成本之间的差额，从而促使企业自觉地减少环境污染，注重对环境治理技术的开发与应用。

二、注重地区物流业与对外贸易的融合发展

（一）不断完善物流设施建设

长江流域经济增长与物流畅通都离不开地区初步建设的助力，完善物流设施建设，不仅能够提高物流运行效率，减少流通中所需费用，同时也能够促进城市间贸易沟通，加强流域内的团结协作。在建设物流基础设施时，需要因地制宜，根据地区的发展条件和物流需求规划建设方案，减少建造人力、物力的浪费，提高

物流建设水平。此外，必须加快落后地区交通基础设施建设，减少流域内各省市间的物流发展差异，建立健全跨区域的物流网络体系，使流域内各省市协调联动发展，进而完善整个长江经济带物流设施与物流网络。

长江素来是水路运输发达的流域之一，应充分挖掘该流域的运输潜力，协调东中西部地区物流设施与物流网络的建设，提高整个长江流域的航运水平。长江中游地区正处于物流产业蓬勃发展时期，应注重发展多式联运，将铁路、公路、水路、航空、管道运输等运输路径合理地相互联结，使物流运行更高效，增强运输的即时性，使区域内或不同区域间联系更紧密，推动区际贸易的发展。多种运输方式的结合能够升级物流系统，降低流通中的风险，保障运输产品的安全性。

（二）协调发展物流产业园区

长江沿线地区兼具海上运输和江上运输的双重优势，其中，东部的上海、江苏、浙江海运发达，引领着全国海上运输的发展。中部的湖北承东启西，为经济带南北贸易往来搭起桥梁。西部的四川、重庆等地近年来物流产业发展迅速，在江上运输方面作出重要贡献。因此，长江流域内各省市应依托其本土优势，结合当地的地理特征和发展要求，注重物流园区基础设施建设，合理地规划物流网络布局。物流园区作为一个复合型流通基地，包涵加工、转运、配送等其他配套产业，长江流域物流产业应在现有物流园区基础上，创新园区经营模式，建立一批服务于农业、工业、以及其他加工企业的配送中心。这不仅可以减少运作成本，提高运输速度，而且也能够增强园区的综合竞争力，助力当地物流企业的成长，推动整个长江沿岸物流产业的可持续发展。

　　目前物流园区在区域创新和区域产业结构优化中的功能突出，区域的物流网络布局也应该与产业园区布局相匹配。在物流网络建设方面，长江9省2市应根据区域整体特征，做出与之合理匹配的规划方案。其一，要重视物流信息沟通和网络设施建设，在此基础上借助互联网将物流产业与网络技术紧密结合，对长江流域内各省市的物流产业进行改造。其二，要不断创新物流服务及配送模式，提升物流产业的运行效率，扩大物流行业的影响力。其三，要充分发挥物流集群对出口贸易的带动作用，提升出口产品的质量，扩大出口产品的规模，增强出口的经济效益。

（三）合理优化出口产业体系

　　当前出口的发展不仅需要流通性强的贸易渠道，更离不开物流产业集聚可能产生的规模效应。因此，长江各省市需要推陈出新，优化传统的物流产业体系，改造落后的物流发展模式，提升物流配套服务质量，创造出更专业、更协作、服务质量更优的物流产业体系。

　　一方面，要进行物流资源整合，利用整合后的企业资源开拓新市场，不断扩大物流产业的影响范围。另一方面，政府的政策支持和引导也至关重要。各省市政府应根据其自身产业发展现状制定合理的战略，听取多方专业人士的意见，重点推进物流产业对外发展，促进本地物流产业与国际物流产业之间的交流借鉴，形成互利共赢的局面，推动出口企业的成长。同时，必须加强流域内各省市间的合作，依托各地区现有的物流产业体系和集聚水平，推动物流产业分工与协作，积极引导相关物流业大量集聚，改善各地区物流产业空间布局分散的局面，全面整合物流资源以及改造物流产业体系，借此增强物流产业规模效应，进而推动企业出口质量的提升和出口规模的扩大。

（四）提高出口产品技术水平

与其他城市群相比，长江中游城市群有大量出口企业缺少高水平的技术和专业的技术人员，出口仍处于传统发展层面，与国际企业相比竞争优势不太明显。为了促进出口产品的转型升级，必须提高产品的技术含量，引进大批有经验的技术型人才，增加对产品的技术投入。此外，也要不断更新管理理念，学习国际先进企业的管理经验，结合自身实际发展状况，制定与时俱进的发展战略。

出口企业应努力优化自身发展模式，向技术密集型模式转化。根据市场导向建立创新型运作模式，完善供应链体系，提升产品质量，减少因落后发展模式造成的损失，最大可能上降低出口成本，增加企业的经济效益。同时，当前长江沿岸的港口码头服务，仓储服务和装卸服务等有待进一步提升，应在出口运行中全面应用先进技术，如 GPS 系统、条码识别系统等专业的物流操控技术，有效避免重要信息在传送时的失误。

第六节

推动长江中游城市群的一体化建设

一、率先实现交通一体化

城市群是由多个密切联系的大、中、小城市以及包括在区域范围内的农业区和绿化地集合而成的地区性发展群体。在区域内的生产造成各种人流、物流、资金流、信息流等都相互交织在一起，各城镇个体间存在着互相交流的强大作用力，而这种交流的主要形式之一就是交通运输。城市的发展和城市群的形成都离不开发达的交通运输业；良好的交通规划能引导城市群体的有序发展；城市和城市群的高度发展能够更多地积累资金，进一步扩大交通基础设施的建设。

首先，利用长江航道优势，合力打造长江中游地区港口群，加快长江中游快速通道和综合交通体系建设。以武汉新港为主体，以宜昌、荆州、黄石、长沙、岳阳、九江、南昌为综合运输主骨架，以中部地区重要港口为补充的国内综合运输中转集散基地。重点建设一批适应能源、钢铁、化工原料、产成品、建材以及外贸物资等大宗货物中转的港口，加快建设铁水联运港。同时建设以冶金工业原料、产成品、建材转运为主的一批中小型港口。通过港口群的建设促进经济的融合，全面开展经济技术合作，进而形成中部崛起的隆起带。

其次，以武广高铁、京九客运专线等为主体，以武汉、长沙、南昌为中心节点，加快建设三大城市群之间的快速通道和交通体系建设，突破性建设三大城市圈之间的快速交通走廊和经济走廊。对沿江重点公路、铁路等项目建设，要优先完成，不断提高运能和运输效率。只有加快交通基础设施建设与一体化发展，才能更好地推进城镇一体化发展。

二、推进文化、旅游业、医疗等的一体化

第三产业是长江中游城市群经济发展的短板。湘鄂赣几省应逐步在教育、就业、住房、社会保障等方面实行联动政策，推动

无障碍旅游区建设、新型农村合作医疗跨省结算、基础设施网络体系建设等方面取得实质性进展，以城市群的构建激发消费需求的内在潜力，促进第三产业加快发展，推动工业化进入中后期阶段。生产服务业和生活服务业比重增大，是第三产业内部结构升级优化的重要标志，应大力发展金融、保险、信息服务、中介咨询、文化创意和生态旅游等现代服务业，促进制造环节向研发、设计、营销和服务延伸，提高长江中游城市群在全国乃至全球价值链中的分工地位。

三、搭建一体化的区域合作平台

根据"政府搭台、企业唱戏"的理念，携手搭建多层次、多领域的区域合作平台，共同培育和发展长江中游城市群统一、开放、有序的市场体系。具体措施包括：建立统一的诚信信息系统，搭建长江中游城市群产权交易平台和金融合作交流平台，促进金融保险机构相互融合渗透，推动金融合作一体化；加强科技教育合作和资源共享，建立大型科研设备、图书和信息共享平台，构建长江中游城市群产学研和科技开发联合体，共享技术创新优势和技术转让成果；建立长江中游城市群人才资源库和人才交易市场，搭建四地人才信息发布和合作交流平台，促进人才资源跨区合理流动和优化配置；加强长江中游城市群的文化交流与合作，突出四省悠久的历史、厚重的文化底蕴，共同营造浓厚的区域文化氛围，着力提高城市群的文明程度和文化软实力；构建长江中游城市群投资信息发布平台，推动建立各种形式的产业联盟、技术创新战略联盟、旅游营销传媒联盟、城市招商联盟和产业园区联盟，为深化产业交流合作提供保障。

四、建立统一市场，推进要素资源整合

联合推动长江中游城市群实现统一市场布局，统一市场交易平台，统一中介服务规则，统一市场监管，促进资金、人才、技术等要素自由流动。联合建立市场资源共享、共同开发利用机制，共建区域性的商贸物流共同市场、产权交易共同市场、人力资源共同市场、信用征信共同市场、旅游文化共同市场。共同筹建以大宗农产品为交易品种的联合期货交易所，逐步扩大到钢铁、有色金属等原材料和国债期货等金融衍生物期货交易品种。

五、坚持走新型城镇化道路

围绕"十二五"期间我国及中部地区城镇化发展的目标，构建统筹城乡的新型城镇化支撑体系，建立以城市群为主体形态，全国区域性中心城市、省域中心城市、中心城市、县域、中心镇和农村地区协调发展的五级城乡一体化体系。通过"以城带乡""以工哺农""以统惠民"的发展方式，从根本上破除城乡二元结构社会形态，形成统筹城乡一体化的新格局。

六、积极推进生态环境保护一体化

以生态建设和江河湖泊治理为重点，建立完善四省联动机制，不断深化在生态环境保护领域的合作和共建。

首先，以森林生态、湿地生态、农田生态、建筑生态为主体，以生态廊道为纽带，构建一个景观优美、生态优良、内涵丰富、

功能完善、宜居宜业、效益持久的生态网络体系，打造"青山、碧水、绿地、蓝天"的生态型城市群格局。在推进生态型城市群建设过程中，要加强合作，共同保护好城市群的"绿心""绿肺"以及作为天然生态廊道的长江干支流。要规划确定重要湿地和水域保护区的控制线，在"一江两湖"沿线 5 公里范围内，禁止发展有污染的工业和项目，加快传统工业的技术改造，推广清洁生产、清洁工艺和绿色消费，发展生态型产业。

其次，以"一江两湖"为重点，共同加强江河湖泊综合治理。四省要联合行动，以长江、洞庭湖、鄱阳湖为重点，共同加强防洪大堤加固、水资源综合利用和水污染综合治理等合作建设。特别是，要共同推进实施"碧水工程"，加强长江干支流、鄱阳湖、洞庭湖、洪湖等沿岸地区的污染治理，使长江中游城市群水生态、水环境明显改善。

最后，按照主体功能区规划的要求，携手推进重点生态功能区的建设。除了加大财政转移等一体化进程，促进各城市融合互动和协同发展，把长江中游城市群建设成为具有世界影响和国际竞争力的多中心、网络化、生态型城市群，成为支撑未来中国经济发展的核心板块和第四极，成为引领中西部实现跨越式绿色发展的模范区和促进全国区域协调发展的战略支点。

第七节

促进湖北省外贸发展的政策建议

湖北正在构建促进中部地区崛起的重要战略支点，在推进长江中游城市群建设，推动长江中游经济区形成，打造中国经济发展"第四极"中，应勇于担当、主动作为、积极推动。

一、积极推动长江中游城市群的协作共建

（一）积极推动国家编制长江中游城市群全域规划

建议由省发改委牵头，组织有关部门，联合其他三省联合编制《长江中游城市群全域发展规划》以及产业、交通、生态等专项规划，并上报国家发改委。通过实施全域规划，明确各个组团城市群的战略定位、发展方向和具体目标，确立推进区域合作和一体发展的重点领域、实施路径和具体措施，为加快城市群发展提供规划保障。

（二）积极推动四省在各个层面开展良性互动

坚持政府主导、市场主体、社会参与，以政府行为撬动市场主体投资，增强社会参与信心，推动四省在各个层面由"对话合作"向"制度合作"深化。推动四省建立省、市（省会城市、区域相邻城市）两级主要领导定期会晤制度，及时研究和协商解决区域合作问题，实现管理协治、发展联动。推动四省建立市场主体跨区域投资合作机制，鼓励企业跨省合作、并购、重组，增强区域之间的经济关联度。推动四省中介组织、民间机构建立沟通协作机制，充分调动社会各界的积极性，促进官、产、学、研、民、媒互动，提高社会参与度和认同度。

（三）积极推动四省共同提升长江中游城市群影响力

以筹划和举办"世界城市群高层论坛"为平台，邀请中央领导、国家部委、世界知名城市市长、国内外战略投资者、世界著

名专家学者参加，向海内外推介长江中游城市群。以合作发展生态文化旅游产业为抓手，加大长江中游城市群及其核心城市宣传推介力度。制作长江中游城市群印象短片、宣传画册、宣传口号，借助世界知名媒体，加大外宣力度，提升城市群影响力。

二、加快把湖北省打造成为长江中游城市群发展的"先行区"

未来十年，是长江中游城市群成长为核心增长极的关键十年，更是湖北推动科学发展、跨越式发展的"黄金十年"。要紧紧围绕加快构建重要战略支点，大力推进"五个湖北"建设，力争在经济社会发展上快于、好于、优于其他地区，在辐射力、带动力、影响力上重于、强于、高于其他地区，在全面建成小康社会方面走在中部前列，加快把湖北打造成为长江中游城市群发展的"先行区"。在交通和市场枢纽上，湖北应当担当"联通四省、支撑中部、服务全国"的"大交通"枢纽功能。在市场方面，湖北应抓住产业转移的大趋势，聚集市场资源、扩大专业市场规模，与其他三省合力打造区域一体的要素市场、交通网络，促进资源在区域内优化配置。在工业化方面，湖北重在转变工业生产方式，向高技术、高效率工业转化，促进产业发展与环境保护的协调。

三、提升武汉在中部地区的要素集聚和辐射能力

（一）争当长江中游城市群的龙头城市

一个地区的发展需要引擎，需要增长极，需要龙头城市的带

动。作为中四角的核心城市，武汉地处中国中部，承东启西、接南连北，区位优势和综合优势十分明显。在经济总量、产业发展、进出口量等指标上，武汉都排名第一。它是推动人才、资本和技术在中四角乃至我国东西部之间流动的枢纽，是中四角接轨世界、参与国际竞争的窗口。今后一段时间应充分利用国家赋予武汉的优惠政策，先行先试，积累经验，着力强化武汉的综合经济能力、科技创新能力、辐射带动能力、交通通达能力以及文化影响能力，进而带动中四平角各城市的联动发展。

（二）加快建设国家中心城市

支持武汉加快建设国家创新中心、国家先进制造业中心和国家商贸物流中心，不断增强中心城市的功能和作用，努力提高城市综合竞争力。以国际一流标准优化城市空间布局，完善城市功能分区，形成金融区、创新区、生态区、物流区、商贸区、产业区、休闲区等相对独立、互为一体、组团发展的格局。依托两江交汇、山水相间的自然优势，发挥历史文化名城资源优势，提升城市宜业宜居品质和国际化程度，加快国家中心城市的建设。

（三）加快谋划和实施一批重大战略性、引领性项目

1. 构筑产业发展平台

注重产业板块的空间布局和整体规划，大力推进武汉光谷、车都、临空经济区、临港经济区等产业平台建设，吸引和推进战略性、引领性产业项目落地建设，培育壮大产业集群。

2. 优化基础设施体系

以轨道交通、空港建设、武汉新港建设为重点，地面设施与地下管网建设并举，大规模推进现代化基础设施建设，提升城市

承载能力。

3. 完善市场配套

支持东湖高新区、江汉区等开展国家现代服务业综合改革试点，加快以汉正街、汉口北大市场为核心的现代化全国商贸集散地建设，吸引金融后台服务在武汉聚集，打造中部地区资源配置平台。

四、快速提高武汉城市圈内一体化水平

2014年2月，《武汉城市圈区域发展规划（2013～2020年）》获国家发改委批复，武汉城市圈一体化建设有了行动指南。在规划中，国家发改委要求湖北省率先在优化结构、节能减排、自主创新等重要领域和关键环节的改革上实现新突破。按照规划，武汉城市圈将建设成为全国两型社会建设示范区、全国自主创新先行区、全国重要的先进制造业和高技术产业基地、全国重要的综合交通运输枢纽、中部地区现代服务业中心和促进中部地区崛起的重要增长极。

（一）加快推进一体化建设

要增加武汉城市圈的竞争实力，就必须就交通同环、电力同网、金融同城、信息同享、市场同体、产业同链、旅游同线、科教同兴、环境同治等方面进行深入细致的调研，在现有基础上，找准推进合作的共鸣点，并分别拿出专题规划。根据先易后难的原则，以共鸣点多的、易实施的项目为突破口，逐步加大合作的深度和广度，实现圈域基础设施、产业协作、要素市场、城乡发展和生态建设一体化，推进科技、教育、文化、卫生、劳动保

障、旅游、体育、信息等"联合体"建设，并向更高程度、更高层级的融合发展。

（二）进一步发挥"两型"发展引领功能

树立生态文明理念，加快转变经济发展方式，加快各类生态环保示范区建设，走全面、协调、可持续发展之路，提升城市圈永续发展能力。努力提高国际化程度，大力推进国际合作平台建设，在技术合作、企业投资、文化交流等方面，与法国、美国、韩国、日本等开展深入合作。

（三）积极创新融合发展的体制机制

立足区域实际，明确战略定位，破除制约融入武汉城市圈、影响区域间合作的机制体制障碍，积极搭建合作交流平台，形成优势互补、错位发展、共生多赢的区域协作发展格局。

五、以科学发展观来指导区域生态发展

着手打造生态品牌，积极探索生态文明建设的新方法、新途径、新经验，推动城市群在新的层次上的发展。首先，思想是一切行动的源泉，所以我们要转变思想观念，从根本上接受科学发展的新思路，摈弃一些传统的已经不适应新时代的发展观念和方式。与自然和谐相处，将眼前利益与长远利益相结合，将经济效益与社会效益相结合。其次，武汉市政府当局应该出台相关政策，建设相关制度，加强对环境的保护。如加强对湖泊湿地等环境的保护与生态的建设问题等；另外，要对相关的责任人员建立政绩考核机制和环境污染问责制，严格奖惩制度。并且，应该加

大对生态文明建设的投入力度，建立专门的基金或定期拨款，对重要的生态区位进行补偿和扶持。政府还应该积极引导大众参与城市群生态文明建设。而从居民角度来说，要增强保护意识和责任意识，节约资源、保护环境，从点滴做起。

参 考 文 献

[1] 蔡宏波. 国际服务贸易 [M]. 北京：北京大学出版社，2012.

[2] 蔡亚璇. 国际产业转移影响我国产业结构优化的路径和机制研究 [D]. 硕士学位论文，西南财经大学，2013.

[3] 柴正猛，胡小莲，曾园等. 中部地区对外贸易与经济增长关系研究 [J]. 中国市场，2010 (41)：57 - 60.

[4] 陈虹. 中国对外贸易结构与产业结构的关系研究 [D]. 硕士学位论文，吉林大学，2010.

[5] 陈继勇，盛杨择. 外商直接投资与我国产业结构调整的实证研究——基于资本供给和知识溢出角度 [J]. 国际贸易问题，2009 (1)：94 - 100.

[6] 陈建军. 中部现阶段的产业转移及其动力机制 [J]. 中国工业经济，2002 (8)：20 - 23.

[7] 陈琳，路正南. 我国农产品贸易的国际竞争力 [J]. 安徽农业科学，2007 (31)：10 - 14.

[8] 陈宪，殷凤. 服务贸易：国际特征与中国竞争力 [J]. 财贸经济，2008 (10).

[9] 陈晓艳. 中印农产品贸易及合作潜力研究 [D]. 江南大学，2013.

[10] 陈昭. 湖北探索建立内陆自由贸易试验区的战略思路

[J]. 城市观察，2015（04）：30 – 34.

[11] 陈张书，杨璐. 湖北省发布"十二五"环长株潭城发展规划 [J]. 华商，2012（4）：33 – 34.

[12] 成祖松. 关于我国农产品贸易的若干思考 [J]. 北方经贸，2010（4）：19 – 20.

[13] 储祥好. 对外开放与中部崛起——析我国中部地区对外开放现状与中部崛起战略 [J]. 国际贸易，2006（10）：4 – 8.

[14] 戴美虹. 中国服务贸易结构失衡及影响因素研究 [D]. 大连：大连海事大学，2012.

[15] 邓超男，熊静，王盈晓. 长江中游城市群产业协调发展研究 [J]. 现代经济信息，2015（24）：69 – 80.

[16] 董洪梅. 中国对外贸易结构调整问题研究 [D]. 东北师范大学，2010.

[17] 段小薇，李璐璐，苗长虹，胡志强. 中部六大城市群产业转移综合承接能力评价研究 [J]. 地理科学，2016（5）：681 – 689.

[18] 范海洲，邵春燕. 我国中部地区承接产业转移的特征与趋势 [D]. 硕士学位论文，南通大学，2015.

[19] 范恒山. 全方位深化中部地区对外开放与区域合作 [J]. 经济研究参考，2013（19）：3 – 8.

[20] 方辉. 长江中游地区三大城市群空间结构优化研究 [D]. 华中师范大学，2012.

[21] 冯亮能，苏兆荣. 江西服务贸易对经济增长的贡献分析 [J]. 科技经济市场，2013（12）：85 – 100.

[22] 高国力，李爱民. 长江经济带重点城市群发展研究 [J]. 广东社会科学，2015（4）：110 – 113.

[23] 龚胜生，张涛，丁明磊，梅琳，吴清，葛履龙，储环.长江中游城市群合作机制研究 [J].中国软科学，2014（1）：96 – 104.

[24] 管润青.内陆与沿海城市对外贸易对经济发展的影响研究——基于长沙与上海的对比分析 [J].科学与财富，2016（6）：33 – 39.

[25] 管润青.新常态下内陆城市深化对外开放的策略研究 [J].商情，2016（23）：90 – 103.

[26] 韩媛媛.中国工业化过程中农产品外贸政策的演变特点 [J].兰州学刊，2014（04）：146 – 153.

[27] 韩振国，王玲利.我国服务贸易出口对经济增长的影响研究——基于1985 – 2006年时序数据的实证分析 [J].国际贸易问题，2009（3）：32 – 40.

[28] 何天祥，朱翔，王月红.中部城市群产业结构高度化的比较 [J].经济地理，2012（5）：54 – 58.

[29] 贺曼.中国服务贸易结构优化研究 [D].西安：西北大学，2012.

[30] 贺清云，蒋菁，何海兵.中国中部地区承接产业转移的行业选择 [J].经济地理，2010（08）：24 – 26.

[31] 胡青岚.金融危机背景下我国农产品贸易的困境和对策研究 [J].商业经济，2011（8）：18 – 20.

[32] 胡心宇，陕勇.湖北服务贸易竞争力及影响因素——基于部分省市的比较分析 [J].中国市场，2014（28）：135 – 150.

[33] 黄忱.中原经济区对外贸易竞争力分析 [D].安徽大学，2014.

[34] 黄国华，朱朝晖，郭栋梁，张炳政，刘颖，孙丹，周

浩，黄欣，林柏荣．2008－2009：中国城市外贸竞争力白皮书[J]．中国海关，2009（08）：12－29.

[35] 江洪．进一步深化中部地区开放与合作[J]．宏观经济管理，2013（11）：31－33.

[36] 江小娟．我国出口商品结构的决定因素和变化趋势[J]．经济研究，2007（5）：4－16.

[37] 姜明姬．中日对外服务贸易比较研究[J]．东北亚区域经济合作，2014（3）.

[38] 姜雪忠．江苏与鲁粤浙农产品出口竞争力比较分析[J]．统计与策，2012（19）：145－147.

[39] 蒋李，孙久文，黄亚平，郝寿义，曾刚，于小波．三个中心城市须协同发展——专家纵论长江中游城市群建设[J]．支点，2015（12）：150－165.

[40] 金泽虎，董玮．皖江城市带支柱出口产业的现状、瓶颈与突破[J]．铜陵学院学报，2014（2）：63－67.

[41] 李丹．资本积累对服务贸易结构优化影响的实证研究——以美国为例[J]．亚太经济，2012（12）.

[42] 李霖．中部六省出口绩效比较研究[D]．江西财经大学，2013.

[43] 李佩．长江中游城市群经济联系及其区域整合研究[D]．江西师范大学，2015.

[44] 李平，周靖祥．重庆内陆外向型经济发展思路：融合理论与现实[J]．重庆理工大学学报（社会科学），2011（07）：42－48.

[45] 李瑶，王青山．我国对外开放战略的跨越式发展——从特区建设到"一带一路"[J]．边疆经济与文化，2016（3）：

16 - 17.

[46] 梁本凡. 长江中游城市群建成世界级智慧城市群的进程与路径研究 [J]. 江淮论坛, 2015 (03): 4 - 9.

[47] 林楠. 长江中游城市群: 引领跨区域发展 [J]. 支点, 2015 (05): 103 - 120.

[48] 刘晶. 浅析我国农产品贸易发展战略方向 [J]. 天津职业院校联合学报, 2011 (9): 75 - 77.

[49] 刘玫, 高睿, 黄蕙萍. 基于主成分分析的中部地区优势产业的评价与选择 [J]. 武汉理工大学学报, 2010 (7): 192 - 196.

[50] 刘荣茂, 惠莉, 何秀荣. 后金融危机时期促进中国农产品出口贸易的策略选择 [J]. 农业经济问题, 2010 (10): 94 - 99.

[51] 刘少华. 湖北省农产品出口贸易竞争力 [D]. 华中农业大学学报 (社会科学版), 2005 (3): 31 - 34.

[52] 刘嗣明, 方辉. 长江中游城市群空间结构优化研究 [J]. 学习与实践, 2013 (10): 5 - 8.

[53] 刘天慧. 中国大豆产业国际竞争力研究 [J]. 农业经济问题, 2015 (5): 99 - 102.

[54] 刘欣, 林干. 产业转移背景下吸引外商投资的对策研究 [J]. 现代经济信息, 2016 (15): 50 - 70.

[55] 吕廷方. 中国出口贸易结构变化的决定因素 [J]. 财经问题研究, 2010 (2): 32 - 37.

[56] 麻智辉. 环鄱阳湖城市群发展战略构想 [J]. 江西社会科学, 2006 (03): 238 - 242.

[57] 欧盟的服务贸易概览 (2009) [J]. 世界贸易组织动态与研究, 2010 (3).

［58］彭范. 我国区域产业转移效应的经验研究［D］. 硕士学位论文，东北财经大学，2011.

［59］钱顺岳. 长江中游城市群空间结构研究［D］. 江西财经大学，2014.

［60］秦尊文，汤鹏飞. 长江中游城市群经济联系分析［J］. 湖北社会科学，2013（10）：52 – 56.

［61］秦尊文. 捷夫法则与长江中游城市群的整合［J］. 城市，2007（11）：3 – 7.

［62］秦尊文. 论长江中游城市群的构建［J］. 江汉论坛，2010（12）：29 – 33.

［63］秦尊文. 加快推进长江中游城市群一体化发展［J］. 政策，2015（11）：167 – 198.

［64］沈净瑄. 河南省对外贸易存在的问题及对策研究［D］. 河南大学，2014.

［65］史育龙. 发挥城市重要节点功能扎实推进"一带一路"建设［J］. 大陆桥视野，2016（21）：30 – 31.

［66］舒燕，林龙新. 我国服务贸易的特征和影响因素研究［J］. 经济经纬，2011（10）.

［67］舒燕，林龙新. 基于主成分分析的我服务贸易竞争力影响因素研究［J］. 湖北社会科学，2011（6）.

［68］孙植华. 产业集聚视角下中部六省承接产业转移研究［J］. 对外经贸，2016（11）：56 – 61.

［69］汤鹏飞. 长江中游城市群的城市经济联系测度与分析［A］. 第十一届全国区域经济学学科建设年会暨生态文明与区域经济发展学术研讨会论文集［C］，2012.

［70］田俊芳，黄辉. 长江经济带背景下中部地区服务贸易

发展路径研究 [J]. 智富时代，2016（03）：3-5.

[71] 田俊芳. 我国货物贸易与服务贸易的比较分析 [J]. 知识经济，2008（2）.

[72] 田艳曦，陈莹. 中部城市群在发展中的几个问题 [J]. 华中师范大学研究生学报，2007（04）：134-136.

[73] 佟伟伟，柏桐. 论我国农产品贸易现状及对策 [J]. 商场现代化，2008（34）：8-9.

[74] 童中贤，王丹丹，周海燕. 城市群竞争力模型及评价体系——中部城市群竞争力实证分析 [J]. 城市发展研究，2010（05）：15-22.

[75] 童中贤. 中部地区城市群空间范围界定 [J]. 城市问题，2011（07）：33-45

[76] 涂德明. 承接产业转移背景下安徽省出口商品结构优化研究 [D]. 硕士学位论文，安徽工业大学，2012.

[77] 王欢明. 成都发展内陆"干港"研究 [D]. 西南交通大学，2008.

[78] 王茜. 基于比较和竞争优势的山东省农产品竞争力路径选择 [J]. 经济问题探索，2017（5）：80-85.

[79] 王珊. 洛阳市对外贸易存在的问题与对策研究 [D]. 河南大学，2014.

[80] 魏后凯，成艾华. 携手共同打造中国经济发展第四极——长江中游城市群发展战略研究 [J]. 江汉论坛，2012（4）：5-15.

[81] 魏晓雪. 西安国际陆港发展水平评价及对策研究 [D]. 西安建筑科技大学，2016.

[82] 魏作磊. 美、欧、日服务业内部结构的演变及对中国的启示 [J]. 国际经贸探索，2010（1）.

［83］吴进红，阎浩，张为付．长江三角洲地区外贸竞争力的现状分析与提升途径［J］．国际贸易问题，2002（09）：21 - 25.

［84］肖金成，汪阳红．论长江中游城市群的构造和发展［J］．湖北社会科学，2008（06）：55 - 59.

［85］熊玉娟，曾煜洲．加入世贸后中国农产品出口竞争力分析［J］．特区经济，2008（8）：274 - 275.

［86］徐冉．中部地区外贸依存度比较研究——以河南外贸依存度现状为例［J］．企业经济，2013（03）：144 - 147.

［87］徐世超，李晓钟．我国农产品贸易竞争力分析［J］．中国集体经济，2011（21）：6 - 7.

［88］徐元康．中国的外贸发展战略：一个质疑性研究［J］．宁夏社会科学，2016（5）：68 - 75.

［89］杨广，韦琦．服务贸易结构演变的世界趋势与中国悖论——基于中国与OECD国家的比较研究［J］．服务贸易，2011（3）．

［90］杨亚非．中国西部对外贸易的发展战略构想［J］．管理世界，1996（04）：195 - 203 + 217.

［91］杨衍江．国际服务贸易比较优势与自由化理论及其启示［J］．国际经贸探索，2005（6）．

［92］余道先，刘海云．我国服务贸易结构与贸易竞争力的实证分析［J］．国际贸易问题，2008（10）．

［93］余馨，魏龙．提升中部地区外贸竞争力策略的思考［J］．武汉理工大学学报（社会科学版），2008（3）：351 - 355.

［94］翟志伟．我国内陆无水港发展模式及竞争力评价研究［D］．大连海事大学，2011.

[95] 张书成，刘学华. 当代中国"超密城市群"发展的战略构想 [J]. 南通大学学报（社会科学版），2015（02）：157 - 165.

[96] 张祥，杜德斌. 省际工业分工合作及其空间联系研究——基于中部六省案例 [J]. 经济地理，2013（5）：89 - 97.

[97] 张晓恒. 中国梨出口影响因素及贸易潜力 [J]. 社会科学，2013（10）：132 - 134.

[98] 张秀生，张文彬. 中部地区的对外开放：现状与对策 [J]. 武汉大学学报（哲学社会科学版），2006（7）：441 - 446.

[99] 张玉英，畅向辉. 长江中游城市群产业分工协作一体化问题研究 [J]. 商业经济研究，2015（02）：78 - 90.

[100] 赵阿佩. 基于出口贸易分析的内陆口岸城市建设研究 [D]. 陕西师范大学，2008.

[101] 赵凌云，陈志勇，陈宏斌，闫小平，李轶芳，周明. 长江中游城市群战略构想及湖北的对策 [J]. 政策，2013（07）：14 - 20.

[102] 赵凌云，秦尊文，张静，汤鹏飞. 关于启动和加快长江中游城市群建设的研究 [J]. 学习与实践，2010（07）：12 - 20 + 2.

[103] 赵书华，张维. 中国服务贸易出口结构与经济增长关系研究 [J]. 中国经贸导刊，2012（4）.

[104] 郑旄玮. 长江中游城市集群的战略目标：打造中国经济增长第四极 [J]. 商，2013（14）：140 - 142.

[105] 郑彭. FDI与我国产业结构升级研究 [D]. 硕士学位论文，南开大学，2009.

[106] 钟卫稼. 我国农产品贸易的现状分析与对策 [J]. 价

格月刊，2007（5）：56－58.

[107] 钟小根，吕桦，江景和，钟业喜．长江中游城市群的发展主轴空间演变探究［J］．湖北社会科学，2013（10）：57－60.

[108] 周豪．我国的国际贸易研究——基于贸易结构分析［J］．现代商业，2011（14）.

[109] 周怀峰，廖东声．比较优势理论的发展逻辑研究［J］．求实，2007（2）.

[110] 朱允卫．东部地区产业向中西部转移的理论和实证研究［D］．硕士学位论文，浙江大学，2013.

[111] 庄丽娟．中国服务贸易比较优势的实证分析［J］．外贸经济、国际贸易，2007（9）.

[112] 左勇华，刘斌斌．出口贸易结构与地区产业结构调整升级效应分析［A］．世界经济研究，2016（5）：135－143.

[113] Bela Balassa. Trade Liberalization and Revealed Comparative Advantage ［J］. Manchester School of Economics and Social Studies, 1965（33）：33－99.

[114] Bergeijk, P., Brakman, S. The Gravity Model in International Trade：Advances and Applications ［J］. New York：Cambridge University Press, 2010.

[115] Karnik, A. Fiscal Policy and Growth ［J］. Economic and Political Weekly, 2012（06）：65－80.

[116] Kueh Y. Y. Foreign Investment and Economic Change in China ［J］. Finance and Stochastics, 1992（09）：120－135.

[117] Macinko J., Starfield B., Shi L. The contribution of primary care systems to health outcomes within Organization for Economic

Cooperation and Development（OECD）countries，1970－1998 ［J］.
Health Services Research，2003，38（3）：831.

［118］ R. Dick and H. Dicker. Patterns of Trade in Knowledge
［A］. 见申朴：服务贸易中的动态比较优势研究 ［M］. 上海：复
旦大学出版社，2005.

［119］ Scott A. J. Global City regions：Trends，Theory，Policy
［J］. Financial and Quantitative Analysis，2001（03）：169－170.

［120］ Steven Husted，Shuichiro Nishioka. China's fare share?
The growth of Chinese exports in world trade ［J］. Review of Word Eco-
nomics，2013（149）：565－585.

［121］ Sun H. Foreign Investment and Economic Development in
China，1979－1996 ［M］. NewYork：Free Press，1998.

［122］ Thomas Chaney. "The Gravity Equation in Interational
Teide：An Explanation" NBER Working Paper Series，Working Paper
19285，2013.

［123］ Wu，F. ，Xu，J. ，Yeh，A. G. O. Urban Development
in Post－Reform China：State，Market，and Space ［J］. Journal of
urban Economic，2007（01）：16－35.

［124］ Xiaohui Liu. Does foreign direct investment facilitate tech-
nological progress? Evidence from Chinese industries ［J］. Research
policy，2003（32）：945－953.